Le Nouveau Visage de la Cochinchine

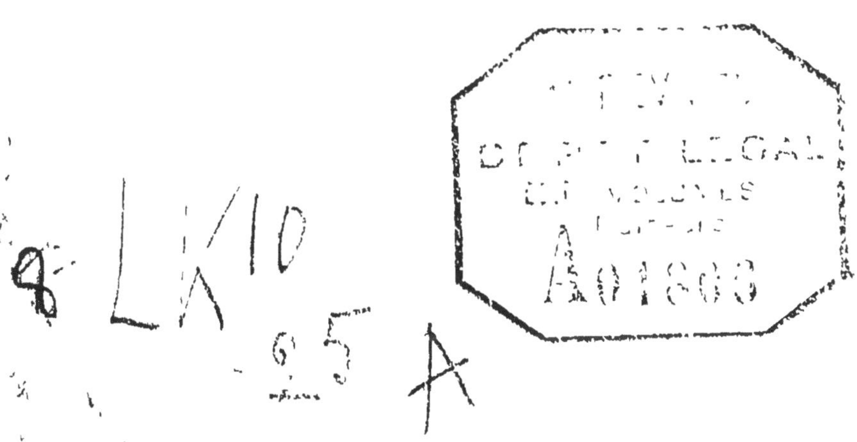

Du même auteur :

Leurs Palettes et leur Foi (*Essai*)

Le Baiser a la Lumière (*Roman*)

La Dactylo du Major (*Roman*)

La Dernière Chanson (1 *Acte en vers*)

En préparation :

Métis (*Roman*)

Les Entamées (*Roman*)

Démobilisé (*Roman*)

HENRI DANGUY

LE NOUVEAU VISAGE DE LA COCHINCHINE

PARIS
LIBRAIRIE LAROSE
11 RUE VICTOR COUSIN
1929

HENRI DANGUY

Le Nouveau Visage de la Cochinchine

Le Journalisme ne te tuera pas,
et on apprend partout, même là.
Camille MAUCLAIR.

LA RAMPE INDOCHINOISE
EDITEUR
Rue Catinat
SAIGON

Il a été tiré de cet ouvrage 100 exemplaires numérotés et signés par l'auteur

Pour servir d'avertissement

« *Alors, vous allez découvrir l'Indochine, vous aussi?* »

Vivrais-je pendant cent ans, je n'oublierais pas la gêne que je ressentis, seize heures après mon départ de Marseille, en entendant la grosse voix qui m'interpellait. L' « Amiral Ponty » *filait pesamment ses dix nœuds à travers l'indigo bienveillant de la Méditerranée, traçant avec une application nettement essoufflée son dernier voyage de Marseille à Haïphong. Pour moi, c'était la première glissade sur cette ligne.*

En ce matin caressant d'octobre le soleil et la mer confrontaient leurs réveils limpides pour le prologue virginal de la tâche quotidienne. Je les reconnaissais fort bien tous les deux : c'est le propre de qui chérit la lumière de n'être dépaysé nulle part quand il fait jour. Il n'est que la nuit pour avoir plusieurs visages; le jour est un.

Relents des cordages dans la brise imprégnée de sel. On comprend qu'on avance par ce qu'on laisse derrière soi, beaucoup mieux que par le vide ue l'on conquiert sur le vide. Cette caisse dépas-'e quelques minutes plus tôt était déjà si loin dans notre sillage... L'hélice vivait intensément et des pensers confus bouillonnaient en moi. Où allais-je? Au départ j'y avais pensé ; mais si peu! Il y a tellement de fatalisme dans l'âme du journaliste qui voyage... Sevré des étreintes chères, j'avais essayé de revivre la veille avant de préparer la vie du lendemain — dans la mesure où celle-ci peut être préparée quand l'étonnement succède à l'habitude et que, toutes sciences antérieures accumulées, on s'aperçoit que tout reste à apprendre.

A travers mes manches l'humidité de la nuit, condensée sur la rambarde, cherchait mes bras. La puissance massive du navire s'exprimait en panache opaque sur la transparence du ciel. La mer, le soleil, ma paresse étaient si beaux que je ne désirais pas faire le point. Où allais-je? Des noms générateurs de mirages inconsistants se succédaient, se rattrapaient dans ma mémoire. Des noms propres: Chaudoc, Saïgon, Mytho, qui avaient résonné vainement au cours de ma petite enfance, mais qui avaient pris, vers ma dixième année, une signification effrayante dans le parc de Vichy où nous nous promenions, mon père et moi. Aux noms des villes mystérieuses des noms communs avaient été ajoutés qui m'avaient empli d'épouvante : cangue, tirailleur, mamelon, poste optique, lance, marécage... Quelquefois, des hommes dont les yeux étaient trop jaunes et les mains moites tournaient la promenade avec nous. Mon père et ses camarades de l'Infanterie de marine faisaient l'appel des morts ; j'écou tais, le cœur battant d'un héroïsme puéril, le glas de la gloire dans le ton grave du passé : « Il était de ma promotion... Il avait été *proposé pour la croix... Il* attendait *son troisième galon... » Des anecdotes terrifiantes se succédaient que je savais par cœur pour les avoir entendues plusieurs fois, chaque officier racontant la* sienne. *Celle du « Poulet de Chaudoc » entre autres : « J'étais prêt à me mettre à table quand mon adjudant poussa la porte violemment et sans avoir frappé. — Mon lieutenant! les herbes remuent sur les quatre faces de l'ouvrage. Ils sont au moins deux mille! — Deux mille? Faites mettre tout le monde aux créneaux et qu'on ne tire qu'à mon signal. L'adjudant partit. En vérifiant mon revolver sous la lampe, je vis le poulet rôti que mon ordonnance n'avait pas découpé. — Deux mille! pensai-je ; et nous ne sommes qu'une centaine, dont trois Français. Ce sera mon dernier repas. Décidé à ne pas mourir à jeun, je dévorai le poulet tout en me harnachant. »*

... Chaudoc, Saïgon, Mytho, les tirailleurs, le poste optique, la cangue, les marécages, le foie... ù allais-je?

Et de cette ignorance où j'étais des choses et des ens de notre plus belle colonie étais-je responble? Les programmes universitaires font si étroite place de deuxième zone réservée à la géograie coloniale! Les expositions coloniales amusent bien! Elles instruisent si peu!

grosse voix répéta, presque dans mon oreille :

— *Alors, vous allez découvrir l'Indochine, vous aussi?*

Je me retournai d'un coup. L'intrus éclata de rire et se présenta jovialement :

— *Buyon, des Douanes. J'ai appris votre profession il y a un instant. Si je vous avais connu avant le départ, je vous aurais épargné les fatigues de la traversée. Les journalistes qui visitent l'Indochine n'y voient que ce qu'on leur en laisse voir. Quelques randonnées en automobile ; quelques bouteilles de champagne ; quelques pokers timides, à cause du change; une heure avec Thi-Saû... Pour peu qu'on les prie d'enjamber une peau de tigre, de photographier un phallus et de tirer sur le bambou* (1) *cinq ou six fois, ils en savent assez pour noircir trois cents pages.*

* * *

Octobre 1925.

Alors, tout journaliste frais émoulu de la métropole était un sujet de gaieté malicieuse pour les vieux Indochinois que l'expérience Roland Dorgelès avait froissés. Prévoyaient-ils, ces pionniers, le faux témoignage de M. Léon Werth, où la Cochinchine laborieuse se cristalliserait dans un précipité de produits frelatés? Et l'allégresse de

(1) *Tirer sur le bambou:* expression familière due à la forme allongée de la pipe à fumer l'opium, cet ustensile étant le plus souvent taillé dans une tige de bambou.

M. Pierre Benoît gambadant ainsi qu'une anglaise à jumelles parmi les apsaras dont le R. P. Sylvestre a fait des presse-papiers respectables? Et les attouchements timides, mais coûteux de M. Pierre Billotey? Et toute l'étagère des ouvrages « définitifs » commis par les moins de trois mois d'Indochine »?

M. Buyon-des-Douanes s'était éloigné de moi avant que j'eusse pu lui répondre. Un enfant déboucha d'une coursive, guidé par sa mère en pyjama fleuri. Un enfant... Non ; décidément, je n'aspirais pas à découvrir l'Indochine, du moins dans le sens que M. Buyon-des-Douanes et ses collègues de l'ancien temps donnent à ce verbe. Car, si j'ai bien compris, M. Buyon-des-Douanes entendait que je tomberais en extase devant un coolie-pousse ; me délecterais d'une anecdote croustillante ; ferais mon plein avec deux ou trois scandales administratifs ; autant de lieux communs pour les coloniaux, autant de nouveautés pour l'explorateur novice. En bref « découvrir l'Indochine » signifie : rassembler sur place des radotages périmés et les rajeunir, en les bardant d'adjectifs, avant de les livrer à un éditeur de la Métropole pour l'édification des ignorants et la satisfaction des mangeurs de viandes vertes.

Il existe donc encore des lecteurs assez naïfs pour croire, 450 ans après la mort de Gütenberg, que rien n'est faux de ce qui est imprimé? Il y a donc, malgré le caractère sacré de notre profession, en regard de la crédulité publique, des reporters qui décrivent ce qu'ils n'ont jamais vu?

Ma pipe tirait bien. Le soleil montait doucement. La mer s'ouvrait comme un manteau bleu bordé de laine blanche et maintenu au col par une agrafe endiamantée. Je me rappelai le conseil d'un vieux reporter parisien dont la vogue décrut dans le même temps que celle de la mominette atteignait son apogée : « Prends tout ce que tu trouveras et f...-le dans ton canard. Lorsque tu écriras tes Mémoires le tri se fera à ton insu. » Il avait raison. Lorsqu'un homme sain crible ses impressions, ce sont toujours les meilleures qui viennent dessus.

***

Si j'avais désiré « découvrir » l'Indochine, je me serais arrêté à Port-Saïd où j'aurais pris le premier bateau rentrant en France. Ma tâche aurait été terminée.

En six jours de traversée j'appris sur le compte des fonctionnaires européens et des femmes européennes séjournant en Indochine beaucoup plus que n'importe quel ministre compulsant pendant six mois des rapports maculés de sueurs tonkinoises. J'en savais assez long pour composer trois livres à cacher aux jeunes filles de la bourgeoisie, aux jeunes gens de l'Ecole Coloniale et au Ministre de la Justice. Les coloniaux sont mal venus de se plaindre des écrivains qui les dénigrent. A qui la faute? Ils se dénigrent eux-mêmes.

Au surplus, cette documentation par la calomnie avait enrichi mon vocabulaire. En vue d'Oran — car l' « Amiral-Ponty » *toucha l'Algérie pour y prendre des légionnaires — je disais : Toï! au garçon breton du bar, aussi naturellement que M. Buyon-des-Douanes. Dans les eaux de la Kabylie je disais l'* « *Inspecteur de la garde indigène* » *et non plus le* « *capitaine hors cadre* » *quand je parlais du monsieur galonné sans retenue qui roulait les r et profitait d'un voyage en mer pour expliquer comment la sécurité est entretenue dans l'intérieur des terres. Devant Bizerte, j'imitais à ravir la moue de Mme P..., une moue de soumissionnaire à qui une adjudication échappe, et que Mme P... faisait chaque fois qu'elle apercevait le postier* « *encongaïé* » (1) *qui mangeait avec les enfants. En face de Chypre, je prononçais sans effort :* « *Ce bateau n'avance pas! On se croirait en charrette à bœufs.* » *Poussant plus loin l'initiation, j'avais assuré mes pas sur la vase sociale, après les mêmes hésitations qu'autrefois, quand, patins carrés aux pieds, je m'aventurais à travers le bassin d'Arcachon aux heures de marée basse. Entendez par là que je soutenais devant les fonctionnaires que les commerçants ruineraient l'Indochine si l'Administration ne freinait pas en temps opportun ; et que devant les commerçants je requérais contre la lenteur des bureaux. La côte ressem-*

(1) C'est-à-dire vivant avec une congaie : femme annamite.

blait à un candélabre d'église chrétienne — nous doublions des minarets égyptiens — quand je répétai sans me tromper, à une passagère des deuxièmes classes que les phosphorescences de l'hélice avaient émue plus que de raison : « Une honnête femme ne peut pas vivre en Indochine. » A Port-Saïd je me coiffai d'un casque, bus un premier Martel-Perrier dont je pensai suffoquer. Je consultai le cours de la piastre.

L'Indochine était découverte.

Mais Mme M..., qui enseigne la langue française et le système métrique aux Annamites depuis vingt ans, me doucha d'un coup :

— A Saïgon, nous prenons moins de précautions pendant la nuit contre les voleurs qu'il n'en faut prendre ici pendant le jour contre les honnêtes gens.

Je compris que j'irais jusqu'au bout. Pour écrire sur la Cochinchine, il ne suffit pas de l'avoir découverte : il faut l'avoir étudiée.

***

Trois années déjà! Est-ce possible? La somme de la Connaissance s'érige sur le reliquaire du temps.

De la poussière du quai de l'Yser, où je débarquai, au cabinet si simple du chef de la Colonie, dont la bienveillance est extrême ; de mon balcon modeste de la rue Pellerin au tombeau du manda-

rin qui dort sous la sauvegarde du drapeau français dans les jardins du gouvernement général ; dans les fumeries fétides de Cholon ; dans les rizières aux repos limpides ; sous les cocoteraies blondes ; au bord des arroyos de feu ; à l'ombre des maisons communes que des dragons de faïence surveillent ; sous la chape frissonnante des hévéas, j'ai voulu tout voir. Lorsque j'avais vu, pour comprendre, j'allais consulter les anciens : « Que faut-il conclure? »

Conclure... Après trente-six mois d'étude, d'enquêtes, j'ai secoué le crible. Je regarde : l'œuvre accomplie par les Français dans ce pays est formidable.

Œuvre double : à la fois matérielle et morale. Car ce n'était pas assez d'importer l'électricité ; de charger des routes solides à travers les nappes d'eau du delta ; de tracer des chemins d'eau dans la vase; de porter à près de deux millions de tonnes les exportations des riz. Il était nécessaire que le progrès pratique s'accomplît dans l'ordre, dans la paix ; qu'un regard plus confiant brillât sous les sourcils du travailleur.

En même temps que les hectares on ensemence les âmes : la bonne moisson lèvera.

Si la prospérité d'une capitale est le reflet fidèle de la prospérité d'un pays, la richesse croissante de Saïgon reflète la fortune ascendante des provinces cochinchinoises.

Or, les échos ne sont pas encore éteints du discours prononcé par M. Blanchard de la Brosse, gouverneur de la Cochinchine, à la séance d'ouverture du Conseil Colonial, le 16 *août* 1927 : « ...*La* « *Cochinchine, qui n'a que quatre millions d'âmes,* « *compte plus de* 1.400 *écoles fréquentées par* « 112.000 *élèves. Peuple de Cochinchine, dans* « *ta sagesse, au milieu de tes calmes rizières, ne* « *méconnais pas ton bonheur, ni ce que tu dois à* « *la paix française. Il y a* 70 *ans, aux embou-* « *chures du Mékong, deux peuples colonisateurs* « *se sont rencontrés. L'un venait du lointain Occi-* « *dent ; l'autre, descendu lentement, au cours des* « *siècles, le long de la chaîne annamitique, avait* « *refoulé ou réduit au plus dur esclavage les pre-* « *miers occupants, riches cependant d'une civilisa-* « *tion merveilleuse qui, en Orient, n'a pas été* « *égalée et dont nous recueillons avec admiration et* « *respect les derniers vestiges. Cependant, le plus* « *fort de ces deux peuples tendit à l'autre une* « *main secourable et l'associa loyalement à son* « *effort de colonisation.* Vous savez, Messieurs, « par le développement de la fortune indigène, à « qui de ces deux peuples cette association a le « plus largement profité. »

***

J'écris ces lignes sans passion, avec le ferme désir d'être juste. A la veille de quitter la Cochinchine pour toujours il me serait infiniment pénible qu'un de mes amis — annamite ou français — me taxât d'ignorance ou de partialité.

Vous gagnez à être mieux connu, M. Buyon-des-Douanes ; et avec vous, tous vos camarades, les vieux fonctionnaires, les vieux soldats, les broussards impénitents.

Vous gagnez à être connus, jeunes et vieux Annamites qui dans un esprit de loyale collaboration nous donnez le meilleur de votre race et acceptez l'échange que la nôtre vous propose.

J'écris ces lignes sans passion, le cœur chargé de souvenirs ; les yeux encore emplis de visions de rêve : perspectives infinies des routes rouges, lumières des oiseaux dans les forêts, écoles blanches, blotties sous les flamboyants ; les oreilles encore pleines de nostalgiques chansons, de tams-tams allègres, de rires enfantins. Un buffle lent tire la herse, cependant que s'éparpille sur les paillotes et les lataniers la douce voix si française du clocher de la mission...

Ombres encore revêtues de la même clarté, au cœur desquelles le soleil vibre encore !

J'écris que M. P..., directeur de la plantation de Xa-Bang, m'a ému jusqu'aux larmes le jour où je l'ai vu charger dans son automobile son jeune boy malade, pour le transporter de Xa-Bang à l'hôpital de Cholon : 250 kilomètres aller et retour.

J'écris que M. Ben, représentant élu des populations indigènes, se comporta en homme de grand cœur, dans la nuit où il me ramassa, ensanglanté, devant le capot défoncé de ma voiture.

J'écris que tu étais adorable, petite fille en caïao blanc, debout devant l'autel de tes ancêtres chargé de fleurs et rutilant de cierges, qui conjuguais : « Ze çante, tu çantes, il ou elle çante... » — et si fière parce que tu savais parler français.

***

Comme il est différent de l'ancien, de celui de mes visions d'enfant, le nouveau visage de la Cochinchine ! Un sourire y passe, disparaît, revient... Où sont les cangues d'antan ?

Je l'ai retrouvé partout, ce sourire que la sécurité et le bien-être épanouissent. Il éclairait les pages du grand livre de la vie où je recherchais le tracé du labeur et du sacrifice, de Baria à Rachgia, de Tayninh à Baclieu. Des hommes d'expérience, enrichis par leurs luttes — ou appauvris par elles, tournaient ces pages une à une. Nous n'y voyions pas toujours très clair. L'ombre mauve et argent s'étendait sur la rizière. D'autres fois, le vent qui soufflait au-dessus des caféiers et dans la lourde ramure des hévéas éteignait la lampe et s'en allait chanter dans la harpe des kapokiers. Mais nous lisions encore : le texte s'allumait sur l'écran voisin de la forêt sauvage. Une femme française disait : « Messieurs, comme il est un peu tard, j'ai envoyé le boy se coucher et j'ai fait le café moi-même. » A moins qu'elle ne dît — et ceci, M. Léon Werth ne l'a jamais entendu : « J'ai pansé le coolie qui était tombé ; j'espère qu'il sera guéri dans deux ou trois jours. » O livre saint de la science, du dévouement et de la volonté!

Aussi bien ai-je pour devoir de remercier publiquement les hommes qui ont fait rayonner sous mes yeux le nouveau visage de la Cochinchine — ce visage sur lequel la protection et la civilisation occidentales effacent chaque jour une ride, comme si le sang des Français qui dorment ici leur sommeil éternel était passé miraculeusement dans ses veines.

Je n'ai rien découvert ».

Vous m'avez tout appris.

H. D.

Le Nouveau Visage de la Cochinchine

Au docteur Niel,
en témoignage de ma reconnaissance
et de mon affection profondes.

Première erreur

Le navire a jeté l'ancre pendant que nous étions à table. Les hublots de la salle à manger, frappés par la lumière des lampes, se sont éteints. Au dehors, il fait nuit.

M. Buyon-des-Douanes abuse de la certitude où ses traversées antérieures l'ont installé. Après un clignement d'œil à mon adresse, il apostrophe le maître d'hôtel : « *Moi*, je ne plie pas ma serviette : nous sommes arrivés. »

Arrivés ! Je donne de la rotule dans les « violons » fixés sous la table et jaillis de mon fauteuil tournant. Arrivés ? On voit donc les lumières de Saïgon ?

Escalier, descente des premières, pont. Où sont les lumières de Saïgon ? A babord comme à tribord la nuit reste nette malgré la vrille tenace de ma curiosité. L'eau est noire et l'obscurité n'a pas de centre. Rêvé-je? La chanson disait : « Quand le soleil descend à l'horizon, à Saïgon — Les élégantes s'en vont deux par deux de leurs maisons... » Où vont les élégantes si les rues ne sont pas éclairées? Et les célèbres buveurs d'absinthe ! Où boivent-ils leurs absinthes « carabinées » si les terrasses des cafés sont obscures?

Arrivés. Ce n'est plus, déjà ! le pont du voyage où la place de chaque passager grincheux était marquée, réservée, comme le prie-Dieu d'un propriétaire supérieur dans une chapelle villageoise. Ce n'est plus le pont parcouru de l'avant à l'arrière par l'odeur des femmes nonchalamment étendues et qui offraient leurs aisselles à la brise : message impondérable, anonyme pour la plupart des hommes qui fumaient tous depuis Port-Saïd ; le pont où les néophytes échangeaient des recettes parisiennes pour économiser en piastres indochinoises ; où les initiés discouraient sur les propriétés des eaux minérales : — Mon foie... ma rate... mon rein ; où Mme M... poursuivait gravement son cours de maintien et de gai savoir saïgonnais à mon intention : — Les messieurs changent de complet à six heures ; les dames s'habillent ; et l'on part sans chapeau, dans une bonne automobile, pour faire le Tour des Quais.

Indifférence ou bouderie : les chaises-longues ne

sont plus parallèles avec la même unanimité. Quelques-unes ont adopté la station verticale. Plus de brise ; nous sommes pris dans une buée indéfinissable qui sent la vase et le poisson pourri. Mme X..., passant au bras de M. Y..., manifeste une joie bruyante en me découvrant : — Vous étiez là ! Nous vous cherchions. Ils me cherchaient ; m'ayant trouvé, ils se séparent et s'éloignent de moi sans autre explication. M. Buyon-des-Douanes, empêché par l'état de son rein d'opérer pour son compte, surgit à point et me souffle dans l'oreille : — J'en connais au moins six qui s'embrassent comme des désespérés. — Par paires? — Evidemment.

A force de la fouiller, mes yeux comprennent la nuit. Loin, cinq lumières convalescentes ou agonisantes. Pourquoi les lampadaires des quais sont-ils éteints? Et qu'est-ce que cette pointe, là-bas, ce volume étiré, solide sur l'eau, à peine plus opaque : une jetée ou l'extrémité des quais, le lieu où les gens très chics se rassemblent, dépassé six heures? Demain, je m'y promènerai, moi aussi, dans une bonne automobile, nu-tête et dans un costume frais.

Puis l'impression désagréable d'une chute. Je viens de manquer une affaire. Car pour qui fréquenta naïvement chez Loti, c'est manquer une affaire que de débarquer pendant la nuit au pays du soleil ; de ployer sous une température sans clarté quand on avait rêvé de s'étirer voluptueusement sous des feuillages en dentelle ; de se croire dans le sillage d'un morutier quand on avait préparé sa voie dans un chemin bordé de frangipaniers. Tant pis ! Je vais reboucler mes valises.

Dernier tour de pont. Un couple compte les étoiles. Je m'en voudrais d'interrompre ce calcul laborieux. Escalier. Zut ! Un deuxième couple. Bifurcation, coursive à tiroirs. Zut ! encore. — Il fait chaud, n'est-ce pas ? — Je le disais à Madame et lui conseillais d'éviter la danse.

En effet, on danse dans le salon. Pauvres amoureux ! Il est plus facile d'écrire tout un roman d'amour que d'en poser le point final. J'avance dans une étuve, traversant des aromes qui me distendent l'âme jusqu'à ce qu'elle ait recueilli le dernier désir brûlant. Même vides, les cabines sont des cassolettes ; l'œil garnit la robe vide jetée sur une couchette. Le rythme d'un fox-trott, sous le plancher, aimante mes pas.

— C'est vous, Monsieur ?

Entre la petite Z... et moi il n'y a que la portière de sa cabine. J'en oublie mes valises.

— Oui, Mademoiselle. — On danse. Vous seriez si gentil d'aller voir si les autres sont en pyjama. — Mademoiselle, ces dames sont en robe. — Et vous ?... — Moi ? heu... je suis en pantalons. — Je vous demande si vous dansez. Non ? Alors je vous accompagne. Nous blaguerons en nous promenant sur le pont.

J'acquiesce. Elle est jolie, la petite Z... Elle porte le pyjama et les talons Louis XV avec une crânerie ! Elle a une façon d'appuyer ses mains dans le fond de ses poches tout en creusant son échine souple de dix-neuf ans ! Jamais l'élève-administrateur qui fit le voyage avec nous n'avait déchiffré les hiéroglyphes du Tendre aussi ardemment que sur les fines chevilles nues de la petite Z... après le chocolat du matin.

— Ici ? — Comme vous voudrez.

Nous voici donc, la petite Z... et moi, nous « promenant » sur deux chaises-longues dont les accoudoirs n'ont pas de césure. La petite Z... attend quelque chose. La petite Z... n'est pas une femme, c'est une jeune fille. Il est très difficile de parler à une jeune fille, après la vingt-troisième heure, sur le pont d'un paquebot des Chargeurs Réunis. Tout le monde ne possède pas les qualités de M. Victor Margueritte. Je fais un grand effort :

— Comme la nuit est noire !

La petite Z..., dont la maman frétille dans le salon-buanderie, talonne la rallonge de sa chaise, fait la moue :

— Pourquoi n'éteint-on pas les lampes du pont ?

— Le règlement... Distinguez-vous ces cinq lumières, là-bas ? Vous connaissez Saïgon déjà. Pouvez-vous, au moyen de ces repères, m'indiquer approximativement où se trouve la fameuse rue Catinat ?

La petite Z... se relève brusquement ; enfonce ses mains dans ses poches ; redresse sa jeune gorge au-dessus de ma tête et laisse tomber :

— Je n'aime pas qu'on se moque de moi.

— Mademoiselle... je vous jure...

Elle a disparu. Un ricanement me fait me retourner. C'est M. Buyon-des-Douanes, une fois de plus ; par le hublot de sa cabine il a tout entendu : — Vous êtes allé un peu fort. — Pourquoi? — Vous savez que la rue Catinat est à Saïgon et vous demandez à une jeune fille de vous la montrer au Cap Saint-Jacques. Allez dormir. Nous n'entrerons pas dans la rivière avant cinq heures du matin.

Premières vérités

Il faut plus de quatre heures de rivière pour arriver à Saïgon. La nuque de tous les messieurs est abritée par le casque ; la nuque des dames est, au contraire, très dégagée entre le feutre du chapeau minuscule et l'échancrure de la robe. Comprenne qui pourra. Je demande à trois messieurs : — Quelle est la température moyenne par ici?

Le premier répond : — Nous précédons de peu le nouveau gouverneur général.

Le deuxième répond : — J'avais câblé pour retenir Thudaumot ; on m'a désigné pour Rachgia.

Le troisième répond : — L'indemnité de zone est dérisoire.

Soit. Je me le tiens pour dit : au pays de la chaleur on ne doit pas parler de thermomètre. Jamais de corde dans la maison d'un pendu.

Des exclamations : — On voit la cathédrale... Regardez la cathédrale ! Les dames signalent une cathédrale à la cantonade. Un index mince et déganté montre deux hautes flèches au-dessus d'une mer de verdure. Je m'informe : — Saïgon? La petite Z... me toise. Je mâche de la chaleur et n'ose plus m'appuyer des mains sur la rambarde. On dirait que le bateau patine sur un miroir brûlant. Comme cette planche noire qu'un pygmée noir actionne et que Mme R... appelle un sampan ; comme ce bousier monstrueux à huit pattes grêles que Mme S... appelle une jonque chinoise. Un fil de frêle musique lancé du sampan me frôle et retombe ; le serpentin ne s'est pas enroulé. A droite, à gauche, l'or du ciel croule sur les rizières. L'odeur de vase et de poisson pourri devient définitive. Le fromage de Brie sent-il moins mauvais? Davantage. Mais nous avons nos habitudes, même dans la puanteur. Notre odorat devient maniaque et irritable comme un vieux garçon. Premières impressions de l'hôte nouveau de la Cochinchine : le soleil y est trop chaud ; la terre y sent trop mauvais.

Pont inférieur. Pour éplucher les pommes de terre les boys des cuisines font le même geste que le peintre qui taille son fusain : d'arrière en avant. Atmosphère irrespirable. Le cœur du paquebot ne bat pas plus fort ; on l'entend mieux pourtant. La couleur de la rivière et celle des épluchures ont la même valeur. Tiens ! les tours de la cathédrale ont changé de place?

Mme M..., qui ne s'est pas résignée à mettre ses lunettes noires se détourne pour ne pas recevoir la réverbération des réservoirs gigantesques, peints en blanc, de la « Franco-Asiatique des Pétroles ». Quel géant lancera ces cylindres dans les pylônes de la station de T.S.F., qui se précisent, parallèles comme des quilles? Ça et là, sur la berge, des êtres humains, presque nus, dont je ne sais pas s'ils sont d'un sexe ou de l'autre. Quelques-uns, perchés sur des caisses, se sont repliés sur eux-mêmes. Ils ne sont pas assis, quoiqu'ils ne soient plus debout. Ils s'éventent, fument, discutent. L'un d'eux, dénouant le torchon qui lui servait de turban, s'en éponge le thorax et les aisselles. Un gros chignon ponctue sa nuque. Une femme?

— Avec les robes que vous rapportez de France et vos cheveux coupés, vous allez faire bien des envieuses, dis-je à Mme M...

— Quelle erreur ! Les couturières de Saïgon se tiennent à la page. Le temps n'est plus où la directrice d'une maison de mode parisienne faisait fortune en présentant des modèles pendant la durée de l'escale de Saïgon. Nos grands magasins se sont assuré le concours d'anciennes « premières » de Paris ou de Nice.

— Et pour les messieurs?

— Quelque deux cents tailleurs chinois ou tonkinois qui vous transformeront à votre avantage... Ne vous cabrez pas. Les Saïgonnais reconnaissent les nouveaux débarqués à deux signes. Vous croyant tenus à la même raideur que dans une première classe de métro, vous vous enfoncez mal dans votre pousse. Ensuite, vos complets blancs, achetés à Paris ou à Marseille chez un confectionneur en séries vous habillent comme des sacs.

***

Avez-vous voyagé de Marseille à Saïgon?

Si non, demandez à un initié qu'il vous raconte comment les passagers sont salués, entourés, assaillis, bousculés, dévalisés, contaminés à Port-Saïd, au Caire, à Suez, à Colombo, à Singapore. Le paquebot n'a pas encore jeté l'ancre que le pont est envahi déjà par des pouilleux effrontés dont les yeux et les oreilles recèlent les germes de toutes les pestes. Ils sont trente, cinquante, cent ; les uns en chemise, les autres en redingote : celui-ci vous claquemurant dans une cabine, celui-là vous arrachant de la salle de bains. Juifs? Pas même : Grecs, Egyptiens, Cinghalais, Chettys, Malabars, le moins teinté bousculant le plus noir. Ils vous offrent, entre une reproduction photographique du Saint-Sépulcre, des colliers d'ambre inflammable et des réductions de momies, des cartes postales pornographiques et des appareils très spéciaux dont l'emploi ne fut cependant pas recommandé par le « prophète ». Vous descendez à terre, une cohorte toute pareille vous aborde, vous cerne, vous agrippe, vous harcèle. Prenez-vous une calèche, un pousse, une auto? Le tarif n'en sera avoué qu'une fois la course terminée. Et quel tarif! Réclamez-vous? L'agent de police en fez ou en turban vous nargue poliment. Les bayadères : montées sur pilotis ; les fakirs; ils transportent des pépinières dans leurs manches. — N'ai-je pas vu un pou sur la feuille d'un manguier que le fakir venait de faire germer ! A Port-Saïd les mouches vertes mangent, font l'amour et dorment sur les paupières des fellahs. A Colombo les cantonniers sont remplacés par des corbeaux. A Singapore des flics-mannequins canalisent des squelettes de Chinois et des gélatines de Malabars. A Colombo le veau était trop rouge ; à Singapore le bœuf saignant est trop blanc. Gorgé de whisky, saoûl d'eau de Cologne, débordé par les éléphants-souvenirs, les bracelets-souvenirs, les cannes-souvenirs, les préservatifs-souvenirs — vos francs : souvenir... — vous verrouillez votre cabine : le meurtre est en vous.

Et vous voici, par un matin d'azur et d'or, à Saïgon, première escale française. Tout change ; l'effet pernicieux des injections de « pittoresque » reçues depuis vingt-huit ou trente jours disparaît. Les inspecteurs de la Sûreté à qui vous remettez vos papiers vous les ont demandés poliment, aimablement. Les coolies vous ont remis chacun sa plaque d'identité avant de saisir vos valises. Pas de raccrochage immonde : ni marchand de sommeil pour vous tenir en éveil : ni marchand d'amour pour vous plonger dans le dégoût. Quatre ou cinq changeurs de monnaie, propres et courtois se tiennent à la coupée. Les pousses attendent, alignés, n'accourent que lorsque vous leur avez fait un signe. Vous vous sentez en France ; vous vous sentez chez vous.

Le sourire de Saïgon

Blacke, peintre préraphaéliste et poète, a écrit : « Je ne sais pas d'autre évangile que cette liberté qu'ont le corps et l'esprit d'exercer pleinement les droits de l'imagination, seul monde éternel et réel, dont cet univers à la vie débile n'est qu'une ombre pâle. » Blacke ne connaissait ni les rues bordées d'arbres, ni le Jardin Botanique de Saïgon.

Longtemps j'avais fait mienne cette pensée du grand artiste anglais. Devant maints chefs-d'œuvres des hommes, dépassé le dernier regard à la toile ou au marbre — « On ferme ! » annonçait le gardien du Musée — mon imagination avait dépassé, dans une fugitive exaltation créatrice, la splendeur de l'effort qui avait harmonisé la lumière et les lignes. Mais devant les avenues d'ombre et de verdure de Saïgon mon imagination s'arrêta. Curieux de tout, rien ne me déçut. Les choses vivaient dans le même équilibre ; la matière vibrait dans le même plan que l'esprit.

T..., mon ami, ne m'avait pas dit sur la plate-forme supérieure de l'escalier que des coolies avaient adapté au paquebot après l'accostage : « Il y a de la besogne pour un journaliste, ici... Grosses têtes à couper... Scandales à révéler... » Il s'était informé de notre voyage, puis : « J'ai ma voiture, allons nous promener. »

Je lui dois de la reconnaissance pour m'avoir enlevé tout de suite du quartier de Khanhoï, marécageux, crapuleux, lépreux. Il y a trois ans, l'antichambre de Saïgon faisait prendre l'appartement en horreur. Le faubourg stigmatisait la ville (1).

Révélations tout le long du parcours. Ces rails? Chemin de fer. « On m'avait dit que les agents de police ne se promènent jamais sans un fort bâton dans la main? — La légende des coloniaux à la trique. — Ces Français en bras de chemise? — Ils travaillent. — On m'avait dit que tout le monde se repose entre dix et quinze heures? — Mensonge ! Sauf dans les grandes administrations et dans les bureaux officiels, les Européens travaillent plus de dix heures par jour. — On m'avait dit qu'ils boivent sec et qu'ils fument l'opium? — Bobards ! Les alcooliques se comptent ; quant aux opiomanes leur abrutissement les protège contre la concurrence. Bien peu fument par besoin ; presque tous par snobisme. On vous avait dit... Regardez ce que je vous montre. »

(1) Aujourd'hui, des rues, des maisons, des hangars, une église, un marché font du quartier de Khanhoï un des plus pittoresques de Saïgon où les progrès urbains sont réalisés sans que le caractère asiatique disparaisse.

Depuis ce matin-là je suis allé plus de cent fois revoir l'édénique jardin qui fut, grâce à T..., le premier sourire de Saïgon-la-Verte au monsieur tout neuf dans ses « blancs » amidonnés. Plus de cent fois. Jamais l'accoutumance n'atténua le charme de ces promenades. Par la rue d'Espagne que l'aube rend coquette et que le crépuscule farde sans excès, j'atteignais à la porte qui n'est pas une clôture mobile, mais un passage ouvert. Les pelouses profondes s'éclairaient ainsi qu'un visage d'enfant. L'intimité naissait dans cette immensité de verdure d'où retombait une pluie de silence — si l'on peut appeler silence cette vibration constante et qui ne fut pas notée, sur laquelle une âme solitaire inscrit ses surprises et ses souvenirs.

La rareté des promeneurs me permettait de les identifier de loin. Les singes font les délices des Annamites ; les panthères celles des soldats. Les éléphants amusent tout le monde. Les crocodiles n'amusent personne. Parfois un bateau déversait des passagers désœuvrés sur le quai sans attractions. Ces jours-là, des formes blanches, mauves, roses, passaient parmi les fleurs. Des cris mignards fusaient dans le voisinage des panthères qui grognent, hargneuses, et montrent leurs crocs jaunes à tout venant.

Les grands fauves farouches aux foulées d'autocrates somnolent ici parmi les merveilles sélectionnées de la flore tropicale. Voici les *Tamariniers,* ombrelles de fées captives ; le *Corypha,* palmier nostalgique voué à la mort dès sa première floraison; le *Ravenala,* ou arbre des voyageurs, dont les feuilles, emboîtées les unes dans les autres à la façon de tuiles renversées et superposées, conservent l'eau des pluies ; le *Ficus* patriarcal ; le *Badamier* trapu, offert à l'étreinte des lianes, dans l'encens de ces cassolettes : les orchidées épiphytes...

Autant d'arbres, autant de verts, de broderies, d'évocations. Tel s'inscrit dans une bulle sphérique de lumière et d'ombre ; tel autre se déploie en éventail, hiératique. Midi : la robe du tigre allongé devant le soleil est lamée de jais, d'argent et d'or. Un arc-en-ciel choit, se redresse, plane, froufroute et s'éteint à l'orée d'un massif de bambous. Des ailes de soie molle glissent sur la chaleur qui traverse le cours de l'arroyo. Un gong lointain martèle ce calme si vivant. Une mélopée nasillarde épouse les paliers du vent. Midi... Un fil de feu borde les yeux des panthères. Un flamant développe sa nacre dans un songe. Une harde désarticulée de cerfs galope, chargée par un sanglier pris de tournis. Des varans, monstrueux lézards aquatiques, se retranchent derrière une indifférence feutrée de mépris.

Un jour, je fus initié à la vraie vie de la lumière par surprise et complètement. C'était à cette heure lavée par la rosée parcimonieuse où le soleil n'est que promesse à la cime des arbres prédestinés. J'étais seul dans l'allée rouge et verte de la faisanderie. Une écharpe indéfinissable flottait sur l'arroyo étale. Je vis les oiseaux miraculeux qui faisaient leur toilette, celui-ci perché, celui-là déployant une roue irrésistible, cet autre méditant sur une plume rebelle.

Ainsi le Coq de Java, dont la crête souple est mauve et vert pâle, telle une corolle de liseron. Le Faisan argenté, sous son pourpoint de prince, la tête hardiment surmontée d'un bonnet phrygien cramoisi. Le Faison doré de Chine, en or et bleu de roi, plus fier et distant qu'un lord sur le chemin du Parlement. Le faisan de lady Amherst, en capuchon blanc piqué de noir, épanoui sur les épaules à la mode de l'ancienne Egypte. L'Argus de Rheinardt, dont la queue, tendue en arc luisant, dépasse trois mètres, et dont le plumage, parsemé de lentilles claires, a des reflets lie-de-vin. Le Faisan prélat faisait et défaisait l'accent circonflexe de ses pattes roses et portait sur un bonnet rouge emprunté à Triboulet une aigrette blanche à pompons de velours noir. Son voisin paradait en jabot vernis et gilet mordoré, sous un loup de tulle bleu, redressant la touffe verte et café au lait de sa queue.

Le Goura arborait un casque à cimier qui protégeait ses yeux de sang cernés de crêpe noir. Les tourterelles revenaient à qui mieux mieux sur leurs tendresses de la veille. Les pintades vulturines évoquaient leur Abyssinie originelle. Les pigeons de Nicobar et de Poulo-Condor s'attendrissaient sur les promiscuités favorables de l'exil. Des perruches époussetaient leur tunique de jade. Plus loin, dépassé la loutre qui hélait son gardien, les tantales couvaient encore leurs visions nocturnes sous leurs ailes horizontales. L'aningha, qui poursuit sa proie sous l'eau, scrutait le bassin calme. Des flamants roses enjambaient des lotus roses.

L'heure était bleue. Et, comme des graminées modestes entourent un bouquet de fleurs glorieuses, des moineaux légers sautillaient sur les cages en ébouriffant leurs ailes brunes.

Un autre jour je retrouvai cette gamme de couleurs, mais transposée. C'était avant le soir, à l'heure saïgonnaise un peu trouble où les plantes, imprégnées de chaleur diurne, paraissent consentantes, offertes comme si une vie animale les parcourait. J'accédai aux serres par une large allée progressivement rétrécie jusqu'à un portail de fer forgé.

Un ruisselet issu d'un nid de capillaires fait sa course entre des sélaginelles moelleuses. Des fougères « cornes de cerf » disciplinent par leur parallélisme aérien leurs fantaisies identiques ; étranges plantes suspendues dont les feuilles ascendantes, nourricières, dessinent une coupe, tandis que leurs feuilles fertiles, lanières de deux mètres au périmètre tourmenté retombent en rameau que la moindre brise balance. C'est, ici, le palais du velours et du batik. Des nervures de céruse parcourent la feuille verte de l'*anthurium*. Un massif de *caladium* est presque indescriptible. Chaque variété reçut un nom. La « Jeanne d'Arc » est de nacre, avec des coulées de sang ; la « Mme Escarry » est une palette de Monticelli ; la « Mme Kœcklin » une palette de Suzanne Sardin. L' « Assa » est éloquente à la façon de ces étoffes japonaises » où l'artisan énigmatique traça l'épilogue d'une vision paresseuse et irradiée.

Les faibles poussent auprès des fortes. Au printemps, la *Vanda Lovi*, que l'on nourrit dans de la terre importée de Singapore, laisse rouler au long de ses ramifications l'avalanche unique de ses vingt-quatre fleurs jumelles. *L'uncidium* « gerbe d'or » répartit ses calices planétaires sur des tiges de soleil. Les nommer toutes ? J'entends M. M...-L... : « Regardez ces nymphéas, ces saxifrages, ces népenthès dont la fleur est un piège aux insectes tendus... » Pendant que j'étudie d'un doigt prudent les calices où des bestioles étourdies finirent tragiquement, M. M...-L... appelle « patates » les tubercules des orchidées : ceci me choque. En même temps il rompt l'unité d'un rang de vases qu'un coolie avait voulu suivant une ligne droite : cela me plaît. C'est avec le désordre que l'artiste crée l'harmonie.

Les fleurs et les feuilles sont là dans le cadre qui convient à leur éclat, à leur fragilité. Filles d'Asie, elles reflètent les diaprures des oiseaux d'Asie. Des scarabées les élisent reines. Des caméléons épousent leurs nuances. Elles ont, dans leur ensemble à peine explicable, la volupté d'un mystère dont le secret apparaît et s'évanouit, insaisissable et permanent.

Dissipés, jacasseurs, grimaciers, acrobatiques, indiscrets : les singes. Ils marchent, sautent, bondissent, jouent à perdre l'équilibre et à le rattraper dans la même seconde, mesurent à brasses éperdues le périmètre de leur domaine.

M. N..., opérant pour le compte d'*Indochine Films Cinémas,* une puissante société locale, braqua le diaphragme de son parallélépipède noir sur leurs grappes attentives et commença de tourner la manivelle. Les singes pensèrent devenir fous et leur escalade vertigineuse mit toute l'altitude possible sous leurs fesses tonsurées. Babouins facétieux et gibbons hurleurs ; semnopithèques des forêts asiatiques et makis de Madagascar ; le douc, fantassin attardé dans sa culotte rouge et que ses longues pauses méditatives apparentent à un nouveau riche digérant ; l'ouistiti du Brésil ; le dormeur, petit lémurien bien nommé ; les macaques ; tous, du faîte des fantaisies en ciment armé figurant des arbres, laissèrent leurs queues retomber, verticales, l'extrémité retournée sur elle-même : autant de points d'interrogation renversés.

Cette déroute avait intrigué les Annamites qui rémunéraient en cacahouettes les grimaces quémandeuses des singes. Quand ils en connurent la raison ils l'examinèrent, et, traînant leurs sandales, vinrent s'assembler en demi-cercle derrière M. N... imperturbable. La religion des gourmands en fut éclairée. Ils retombèrent, la tête en bas, pirouettant, glissant, à la fois équilibristes, trapézistes, et prirent des poses d'aréopagites vénérables. La paix était faite. Des poignées de mains la scellèrent; j'en eus ma part.

Matins embaumés où la semence de féérie éclôt entre les piles du pont jeté sur l'arroyo de l'Avalanche et dont la chevelure de bougainvilléas violets, d'alamandas jaunes, de volubilis multicolores est démêlée par la brise... Midis somptueux où les génies s'organisent pour la capture des sens... Une baguette invisible déclenche le concert composite : fifres, crécelles, barissements, à la poursuite des stridences des singes à qui la femelle soliste donna le ton. Des congaïes nonchalantes allument des traînées mauves, jades, violettes qu'un virtuose omniprésent met en page sur les toiles vertes de Phu My. Des margouillats filent leur chasse aux moustiques lourds et la réalisent immobiles. Des légions de fourmis hallucinent les lianes poivrières. Les fougères « nid d'oiseau » recueillent leur provende de terre dans leurs feuilles en corbeille. Midi... Le feu de la terre et celui du ciel se rencontrent à la hauteur de mon visage. Les panthères livrent toute leur langue, et, couchées sur le flanc, paraissent vides sous leur pelage flasque. Les ours manquent de conviction. Seuls, les marabouts, qui n'ont pas une toque de plumes, mais une calotte de corne, les yeux clos, les pattes agacées, ramollissent leur songe sempiternel au bain-marie. Deux bonzes oubliés sur un banc avec leur en-cas ruminent des versets inarticulés ; leurs robes bouton d'or sont la complémentaire du banc vert et des herbes.

Crépuscules fugitifs... Le tigre rôde. Les cerfs, dans le parc immense qui leur est réservé, s'en vont à la file indienne vers des écorces improbables. Les fleurs se ferment. Je ne vois plus les sensitives se contracter quand ma canne les rencontre. La nuit tombe d'un coup. Il n'est plus d'autre lumière que celle des étoiles ; plus d'autre chant que celui des cigales et celui des grillons, deux monotonies qui se comblent dans leurs intermittences ; par places, la crécelle rauque et nonchalante d'un tokai.

C'est la nuit. Malgré les lampes à pétrole et les ampoules électriques des paillotes de Phu My ; malgré les pneus de la bicyclette du gardien, sur la « bienhoa » pulvérisée des allées ; malgré les claquettes des marchands de soupe chinoise ; c'est la nuit. Il faut marcher, marcher encore, faire sauter un crapaud, faire souffler une panthère méfiante, avant d'entendre le piano du savant directeur du Jardin, et le cristal d'une voix de femme invisible. C'est la nuit.

Saïgon possède une statue étonnante de M. Léon Gambetta.

Mais rien n'indique — buste ou médaillon — que le Jardin botanique de Saïgon fut créé par le botaniste Pierre.

Contacts

Dix heures du matin. Je viens de bâtir avec le prote annamite du journal la première page du numéro qui sortira après midi.

Un reporter dépose sur mon bureau le rapport du commissariat central. Vite ! crayon bleu, ciseaux, des alinéas, des titres.

... *Automobiles contre bicyclette... On découvre un cadavre d'enfant... Le Chinois faisait la traite des vierges...*

Enfin : *Actes de probité.* Des tireurs de pousse-pousse, d'humbles coolies-xe qui gagnent à peine assez pour payer leur riz, leur opium et leurs dettes de jeu, ont apporté au commissariat : qui un sac contenant cinquante piastres ; qui un paquet de victuailles, qui un coupon de soie, tous objets oubliés dans les pousse-pousse par des clientes étourdies.

Pourquoi dit-on toujours que les Annamites sont voleurs naturellement?

*
* *

J'ai endossé un complet propre ; le boy a pris le sale pour le porter chez le blanchisseur chinois. Puis je suis parti au journal.

J'y suis depuis une heure. On frappe à la porte.
— Entrez.

C'est mon boy. Il enlève son casque ; me tend mon portefeuille ; prononce simplement : — Monsieur oublié.

Pourquoi dit-on toujours : — Surveillez bien les boys ; le meilleur ne vaut rien?

*
* *

K..., journaliste annamite, m'ayant proposé d'assister au scrutin pour l'élection d'un chef de canton, nous avons quitté Saïgon à cinq heures du matin et en auto.

Rizières inondées ; brume hâtive ; il fait humides et frais. Des pauvres nhaqués allument des feux devant leurs paillotes.

K... me fait voir les ombres grelottantes et juge :
— Les Français prouveraient qu'ils comprennent leur rôle s'ils se rapprochaient davantage de ces malheureux.

Dans la maison commune du village. Le gong annonce que le scrutin est ouvert. Les électeurs se pressent. Les candidats s'empressent et font servir du thé, du cognac, de l'eau gazeuse. Parce qu'ils sont deux, il y a deux services à bétel sur les tables. Cinq minutes plus tard, à regarder le plancher on jurerait que l'on vient de saigner deux cochons.

Sympathiques les notables. Nous causons. Nous

buvons du cognac additionné d'eau gazeuse. Ma canne traîne parmi des parapluies.

K... me tire doucement par la manche :

— Permettez-moi de vous faire respectueusement remarquer que ces gens-là ne tarderont pas à abuser de votre bonté si vous leur parlez trop familièrement. Ce sont de vulgaires paysans.

Pourquoi dit-on toujours que ce sont les Français qui méprisent les Annamites?

*
* *

A Cholon. Un gros Chinois a frappé un mince Annamite brutalement. La main haute, il s'apprête à recommencer. J'interviens.

Rassemblement ; vociférations ; ricanements ; rires. La brute et sa victime, comme les témoins annamites de l'incident, ont le même regard narquois à mon adresse.

Pourquoi dit-on toujours que les Annamites aimeraient qu'on les protégeât mieux?

*
* *

1926. Quinze mille Annamites s'échelonnent entre le quai Le Myre de Villers et la rue Jean-Eudel par le quai de Belgique et le pont des Messageries. De jolis coups de sonde à lancer. C'est quand un peuple est rassemblé, quand son nombre lui donne confiance dans sa force qu'on le tâte le mieux à même l'âme.

Je me mêle à cette foule d'hommes et de femmes, accompagné d'un métis qui connaît leur langue et qui questionne, familièrement : — Que faisons-nous ici? Qui attend-on?

Cent interrogations ; cent réponses différentes, évasives toutes. Pas une qui corresponde à la vérité. Celui-ci est venu attendre un riche Chinois ; celui-là tient à voir le grand mandarin qui arrive. Ainsi de suite.

Ils ne sont pas nombreux ceux qui savent que cette manifestation fut organisée en l'honneur du président du parti constitutionnaliste annamite, parti fantôme, du reste; et que ce président revient de Paris.

Pourquoi, pour servir quelles ambitions dit-on toujours que le bolchevisme fait des progrès « inquiétants » en Cochinchine?

*
* *

Au Continental. Un banquier israélite pérore : — Les femmes? Peuh ! la meilleure ne vaut rien. Il n'y a pas une femme française qui résiste à un billet de cent piastres.

Un consommateur voisin se lève, lui montre cent piastres et annonce : — Je vais faire une petite visite chez vous.

Excellente leçon !

Pourquoi calomnie-t-on si souvent les femmes des autres en Cochinchine?

*
* *

— Et les sauvages?

— Quels sauvages? Les Moïs?

— Si vous voulez. Vous les avez vus?

— Quelques-uns seulement.

— Ils sont mauvais?

— Pas avec leurs amis. En ce temps-là je coupais du bois dans la région de la Lagna, du côté de Giaraï. Tous mes bûcherons étaient moïs. En fait d'Annamites il n'y avait que mon cuisinier et quelques marchands de sel et de poisson sec qui n'étaient pas autorisés à pénétrer dans le campement. Je couchais dans une canha moï juchée sur quatre bambous. J'y revins un soir, porteur de six mille piastres métalliques destinées à la paye de mes hommes. Six mille piastres, entendez-vous bien? dans une valise que je déposai sur le plancher de ma cabane sans paraître y tenir, afin de n'éveiller l'attention de personne. Puis je me mis à plat ventre, le menton dans les mains, pour fumer une cigarette en face de la forêt.

La nuit vint. Je n'osais pas être tranquille, à cause de ces six mille piastres. Cependant personne ne savait pourquoi j'étais descendu à Saïgon, la veille, ni que la banque de l'Indochine m'avait remis ce petit trésor. Comme je regardais à la cantonade je vis deux ombres qui tournaient sans s'éloigner. Les ombres devinrent des silhouettes de guerriers moïs : lances et arbalètes. J'appelai le chef du village qui comprit tout de suite : — Ne t'en fais pas, me dit-il — ou à peu près. Moi connaître : toi beaucoup la piastre. Et, désignant ses deux guerriers : — Ça bien garder ; toi moyen dormir.

— Comment avait-il connu l'existence des six mille piastres?

— Il ne faut pas chercher à comprendre. Le télégraphe des Moïs transmet les nouvelles plus vite et plus sûrement que le nôtre. Vous l'éprouverez.

Pourquoi dit-on des Moïs qu'ils sont des sauvages?

Une femme française

Le soir, dans la campagne où cent mille crapauds narguent impunément les hauts crabiers blancs endormis. Les laines fauves du crépuscule descendent par écheveaux de tons dégradés. Elles inaugurent la nuit. Le bal des batraciens rebondira bientôt.

Entre Thuduc et Bienhoa les rizières sont partagées en lots de fleurs. Au premier plan, parallèle à la route, une planche de verveines ; au delà des glycines ; ensuite des géraniums roses, des aubépines, des violettes. Les boqueteaux s'immobilisent. Un ruban d'acier, reflet d'un jour sans force, se déroule sur le seuil de l'horizon.

Je vais à Long Tanh, chez cent ou deux cent mille hévéas. La route est plane. J'ai traversé Bienhoa, chef-lieu assis devant l'apéritif. Le Donaï charriait des vérité partielles, miettes de la vérité du travail : des jonques et des sampans. Thuduc avait été un bouquet de lumières ; Bienhoa fut une gerbe de nuit.

Virages, puis ligne droite. Les hameaux s'annoncent par des feux discrets ; quand on ne voit pas les feux, on devine les paillotes que l'odeur de leur cuisine trahit. La forêt succède à la rizière, une forêt bien sage où la géométrie nette des plantations est encastrée dans la vapeur des lianes.

Quel pays !

Dans la Beauce, le regard du passant indiscret rade les champs de blé. Sa curiosité flotte précisément sur la mer des moissons prochaines. Le passant indiscret peut ainsi jauger une fortune : tant d'hectares visibles, donc, tant de sacs d'écus. Essayez de faire le même calcul en Cochinchine quand vous arrivez à l'orée d'un certain nombre de piastres en quinconces. Combien ? Tout le problème est là. Vous ne le résoudrez pas tout seul. On n'évalue pas ce qui est un mystère pour des sens bornés. Or, depuis la route, l'ombre des hévéas est un mystère. Dès les premiers de ces arbres elle s'épaissit. Compter les fûts sans changer de place ? Au quinzième les rangées se soudent les unes aux autres. A la deuxième rangée vous aviez perdu les cimes.

Cette impuissance vous fait glisser vers un total erroné et vertigineux. Vous supposez, en tâtant votre poche : « Si tout ceci m'appartenait, je le vendrais vite pour rentrer en France. Avec le change... »

Mais tout le monde ne rêve pas de convertir des arbres à lait en piastres, puis en château frais dans les environs de Nice. Pour « réaliser » il faut avoir travaillé. Le plafond des hévéas s'est élargi, élevé au-dessus des échines qui se courbaient, des épaules qui descendaient. Mois par mois, décade par décade, des tressaillements sains haussèrent la sève végétale tandis que la névrose des ans freinait sur le sang des hommes. Peu à peu la douleur et le sacrifice créèrent l'amour. Ces hommes ne vendirent pas la terre de leurs sueurs ; ils ne vendirent pas la terre de leur tombeau.

La nuit se déroule sous les bois, s'enroule aux branches, submerge les cimes, déferle sur les étoiles. La nuit puissante subit sans réaction le viol profond de mes phares jumeaux, telle une robuste garce passive les enquêtes goulues, fugitives, renouvelées des soldats et des jouvenceaux. Le ronron du moteur refoule les silences équivalents à gauche et à droite, et le Silence se referme derrière moi. L'odeur de la brousse humide déborde sous la poussière soulevée.

Seul?

Des millions de bestioles noient leur ronde ailée dans la rafle du pare-brise. Des yeux de lapins étonnés et éblouis se transforment en culs blancs détalant dans le cône de lumière qui les affole. Sous toutes les latitudes les faibles préfèrent la nuit.

Lumières au loin, girandoles, tam tam, la filiation des silhouettes indistinctes et des plans violets et gris, hachés par les perpendiculaires des arbres...

Le chauffeur me dépose devant le perron d'un châlet basque construit sous l'œil des Moïs. La forêt nocturne rutile comme la nef d'une cathédrale par un jour d'Assomption.

Le président du Conseil Colonial de la Cochinchine m'avait conseillé : « Ne manquez pas d'assister à la prochaine fête du domaine de la Souchère. »

S'il avait dit la « plantation » de Long Tanh ou de Binh Nham... Mais le « domaine de la Souchère » ! Un nom à faire rêver de la Normandie, de grasses plaines herbagères, des coiffes célèbres du pays de Caux. Entendre quelqu'un dire, à Saïgon, le « domaine » de la Souchère, quand on a lu, vingt-cinq ans plus tôt, les Mémoires d'un Ane et les Malheurs de Sophie ! Transplanter la comtesse de Ségur, née Rostopchine, des bords de la Seine sur les rives du Mékong !

Je demandai, ironique un peu : — Une occasion?

— Une occasion. Vous pourrez constater l'affection qui rapproche les anciens colons français de ce pays et leurs collaborateurs indigènes. Mme de la Souchère est cette femme à qui son titre, sa distinction, sa beauté eussent assuré tous les triomphes dans une ville et qui préféra déclarer la guerre à l'inextricable végétation tropicale.

La femme aux douces mains lança donc la cognée contre les colosses de la forêt dont les troncs mesuraient deux, parfois trois mètres de diamètre, jalons formidables du réseau de lianes, du fouillis de broussailles qui recouvraient les marécages. Ceux qui l'avaient vue partir de Saïgon prophétisaient sa défaite. Cependant le miracle s'accomplit.

Par le fer et par le feu les gigantesques rideaux de verdure s'écroulèrent. Le soleil but toutes les pestilences du sol. Les tiges gracieuses des hévéas dont les premières feuilles ont des transparences blondes naquirent. Mme de la Souchère construisit sa première maison.

— Depuis, elle vit heureuse?

— Heureuse! Je l'ai vue grelotter de fièvre, claquer des dents à la fin de ses journées de labeur. Les colosses de la forêt vierge se vengeaient. Je l'ai vue, après les désertions de ses coolies que la malaria clairsemait. Calme et résolue, elle domptait son mal, renouvelait ses recrutements, continuait. Je l'ai vue, le matin, harassée par une nuit passée à guetter les fauves qui rôdaient autour de sa paillote et de son étable mal fortifiées. Je l'ai vue au lendemain de l'incendie qui anéantit les résultats de trois années de lutte. Une volonté masculine eût sombré. Mme de la Souchère contempla sa ruine et stoïquement recommença de planter ses espoirs sur leurs décombres.

— Et maintenant?

— Sa plantation est une des plus vastes. Le nom de la Souchère est vénéré par des centaines de familles annamites.

— « Çà » vous amuse, Monsieur?

Si « çà » m'amuse! Je regarde Mme de la Souchère qui s'enquiert de ma santé avec la même grâce qu'une maîtresse de maison assise douillettement devant un feu de bûches. Je la regarde, debout, droite, souriante ; un mince ruban rouge ennoblit sa longue redingote d'amazone. Les petits talons de ses bottes trient le gravier. Tous les horizons convergent vers elles. Un domestique annamite, qui courait, se remet au pas, joint les mains, se courbe... Et repart. Il l'a saluée en passant.

Si « çà » m'amuse, moi, le citadin habitué aux incommodités du confort moderne dans des capitales irriguées et électrifiées, de voir, sur les anciennes pistes du tigre, des messieurs en smoking et des dames en décolleté? Le râteau du jardinier ramena dans son peigne les empreintes des fauves. Boum... Boum-boum-boum... Le gong cadence la joie.

« Çà »... Mme de la Souchère désigne probablement les guirlandes de fruits lumineux, suspendues par d'humbles mains aux arbres plantés par elle ; les lanternes confectionnées par les coolies dans le calme de leur traï : « A notre mère, « A notre bienfaitrice », « Vive la France ».

Si « çà » m'amuse? Mon auto fit son dernier virage dans une cour grande comme la moitié de la place de la Concorde, et déjà envahie par des autos d'où les pieds des chauffeurs ensommeillés émergeaient. J'ai envie de répondre que « çà » m'épate; que je suis pas acclimaté; qu'en fait de féeries je ne connaissais que celles du Châtelet; qu'en France, avant de monter dans un train omnibus, je bourrais une valise d'impedimenta vestimentaires, tandis que pour rouler, ce soir, pendant plus d'une heure à la vitesse d'un express, j'ai acheté simplement deux paquets de cigarettes. « Çà »?... Je m'incline en balbutiant jusqu'à cette main de femme qui renversa l'échafaudage formidable de plusieurs siècles d'incurie et sertit l'ordre dans le désordre.

Soudain la pétarade des grandes liesses asiatiques éclate. Précédées ? ou suivies ? ou flanquées ? d'un gong énergique, insatiable, lancinant, des clartés se meuvent, dont je ne saurais dire si elles sont portées ou suspendues. Le mystère bruyant, brillant et enfumée approche. La houle est dans le corps de lueurs inachevées. Des détails saillent. Les crânes des porteurs de torches sont des effigies de cuivre rouge. Gong, cymbales, trompettes, pétards, explosions, halètements désespérément expressifs de sons crissants, métalliques, — ou lourds sourdement. La tête d'un monstre décapite le cortège. « Le dragon ! Voilà le dragon ! » Les Européens se rangent pour lui faire place. « Le dragon ! » Les Annamites tendent le cou. « Voilà le dragon ! »

C'est le dragon. Il ondule entre les deux lignes cahotées de son escorte respectueuse. Il est satisfait : des urnes et des offrandes, fruits et fleurs, l'accompagnent. Il est furieux : une boîte de pétrole enflammé croise devant sa gueule. L'orgueuil le bouffit : les roulements du gong s'évaporent avec sa gloire. Il rutile ; il salue ; il se cabre ; il proteste ; il remercie. Il dévisage la nuit et affronte les lumières. Ses yeux horribles refléchissent l'éclat des bijoux des belles invitées. Sa carcasse démesurée simule une reptation conquérante... Pétards, tintamarre, incohérence, éblouissement, incendie...

Un feu de Bengale vert étend sa mante limpide sur les épaules nues des femmes. Le dragon fait des layes interminables à la « patronne ». L'archet des grillons effleure le violoncelle de la forêt... Solo de langueur précieuse aux nerfs trop fins. Des volants de robes frôlent des chaises. Les torches tremblent et le dragon attend. Nous sommes tous debout.

Alors, escorté de quelques coolies fiers de tenir un emploi de coadjuteur, le caporal-chef de la plantation avance. Il déroule un papier rouge et lit. Je suis trop loin pour entendre toutes ses paroles, mais par les bribes de syllabes saisies au vol je rétablis le sens de phrases. Comme un leit-motiv cher à l'orateur revient la douce oraison brève : « Notre mère... vos enfants... notre maman. » Aux mots d'amour les mots de travail sont mêlés. Je demande à mon voisin, administrateur-adjoint de la province de Bienhoa : — Pourquoi l'appellent-ils leur mère ?

— Parce qu'elle multiplie les preuves de son affection pour eux. Dernièrement encore elle a remis douze mille piastres au chef de la province, à charge par lui de faire construire un dispensaire et une maternité sur la plantation.

Mais Mme de la Souchère répond à son caporal-chef. Foin des convenances ; jouant des coudes je me place pour l'écouter. Elle dit :

« Il y a dix-huit ans que je suis ici. Je ne peux plus, comme autrefois, faire vingt kilomètres à cheval, chaque jour, pour visiter vos femmes et vos enfants. Vous savez que je ne vous néglige pas ; que je ne déserte pas ; que si je rentre en France bientôt, c'est pour me reposer et me soigner. Obéissez bien à qui me remplacera. Je reviendrai, mes enfants. Je reviendrai parce que je ne pourrais plus vivre loin de vous, loin de cette terre qu'ensemble nous avons mise en valeur. Française par le cœur, je veux mourir ici. C'est ici, à Long Tanh, où j'ai souffert, lutté, que je dormirai de mon dernier sommeil.

« Vous savez que j'emmène en France un des vôtres, un jeune garçon. Ne croyez pas que je veuille en faire un Français. Il restera Annamite et rentrera dans la maison de ses ancêtres. Mais il apprendra notre science et quand il reviendra parmi nous, il sera le vivant symbole de la collaboration franco-annamite bien comprise.

« Vous m'appelez « notre mère ». Je vous dis: — Mes enfants, toutes les femmes françaises sont comme madame de La Souchère. Vous ne devez pas croire ceux qui prétendent le contraire. Vous êtes le nombre ; nous sommes la science, les capitaux, l'hygiène. Travaillons. »

La voix convaincue vibre encore au fond de

l'âme de tous les auditeurs quand M. Lam Van Hué, commis du gouvernement à l'Inspection de Bienhoa, déplie des feuilles légères et lit à son tour. Quand il a terminé je l'aborde, le félicite, le prie de me laisser recopier son discours. Beaucoup plus aimable qu'un ministre à l'issue d'un comice agricole, M. Lam Van Hué se refuse à me voir travailler : — Je vous prie de me permettre de vous offrir ce texte.

J'ai lu :... « Madame...

« Grande Française à la volonté tenace et à l'âme généreuse, vous avez accompli sous nos yeux, non seulement une œuvre magnifique, en conquérant sur la brousse ce beau domaine de la Souchère, mais, en outre une œuvre plus ignorée, celle de la conquête de cœurs dans votre entourage indigène.

« En vous montrant bonne et compatissante à l'égard de tous ; en vous penchant sur toutes les misères, et en pénétrant nos sentiments intimes, vous avez fait de nous, du plus pauvre au plus riche, des amis dévoués et reconnaissants à votre personne et à la France bienfaitrice que vous représentez si noblement.

« Vous n'avez pas voulu quitter ce pays sans assurer l'avenir de vos vieux serviteurs, sans doter notre centre d'une Maternité où les nouvelles générations rediront votre nom avec respect et amour, sans nous réunir pour nous donner une nouvelle preuve de sympathie et d'attachement.

« Croyez, Madame, qu'en ce jour, toute la population indigène de la Circonscription est, par la pensée, aurès de vous, regrette votre départ, souhaite votre prompt retour dans cette seconde Patrie qui est la vôtre, et vous exprime, par mon intermédiaire, ses sentiments de fidèle et infinie gratitude. »

Etait-il minuit quand, à la lueur des flambeaux compatibles avec la gloire, madame de La Souchère fixa des décorations aux tuniques brodées de trois de ses serviteurs ?

Ce fut un spectacle émouvant que celui d'une femme remettant à des hommes les insignes consacrant leur courage et leur loyalisme. Ainsi, par une nuit emplie d'étoiles, devant le dragon traditionnel et en présence de hauts fonctionnaires annamites : phu, doc phu, hûyen, une femme française remit le Sapèque d'argent de 1re classe à Tran Van Luong, huong ca du village Bertin de la Souchère ; Vo Van Cuan, huong than du même village ; Nguyen van Phan, caporal de la plantation.

— Que faites-vous donc ?

Le vieil Annamite que j'ai interpellé se présente et me rassure. Il est vêtu de soie noire. Suspendue à un collier d'étroit galon rouge, la plaque du Kim Kanh brille sur sa poitrine.

— Je suis M. Nguyen duy Khiem, huyen honoraire. Je traduis les paroles de Mme de la Souchère pour qu'elles pénètrent le cœur de mes compatriotes.

La folie joyeuse a repris. Est-ce bien une folie ? Quand ils s'amusent selon la tradition, les Annamites font beaucoup de bruit, mais une réserve grave subsiste dans leur maintien. Leurs yeux seulement reflètent la gaieté — une gaieté qui s'allume et décroît, comme celle des enfants, qui a besoin sans cesse d'aliments nouveaux : ils aiment qu'on les amuse.

Le gong a frappé le réveil des bruits et des lumières. Une frémissement parcourt la colonne des porteurs de lanternes. Le dragon s'étire, chavire ses yeux, bâille, se décide, se contorsionne. Pétards, trompettes, pétrole, cymbales. Le monstre exige autant de bruit pour son départ que pour son arrivée. Il ordonne : il est roi.

Et voici le défilé lent des merveilles construites par des artisans volontaires. Le bois et le carton en firent les frais. La faculté d'observation de la race annamite et l'habileté des doigts frêles réalisèrent ces petits chefs-d'œuvres que leurs auteurs présentent timidement, dans l'attente des approbations et des applaudissements : animaux, lanternes, etc... Les Européens complimentent ; les Annamites approuvent.

M. Nguyen duy Khiem veut bien me guider parmi les arcanes du vocabulaire annamite. Il a gommé sa main gauche fermée à la paume de sa main droite, ouverte. Ses gestes, ainsi contenus, plus courts, mais doubles, soulignent les louables efforts qu'il fait pour me sauver. Celui-ci est serviable comme tous les Annamites qui n'ont pas dédaigné les coutumes exquises de leur race. Il devine mes inquiétudes et devance mes questions.

Je voudrais lui faire plaisir à mon tour; lui rendre la monnaie de sa politesse. J'ai lu quelque part que les Annamites s'adonnent à de silencieuses spéculations philosophiques. Que dire à celui-ci? Quelle est la complémentaire de ses songes? J'y suis : « L'hévéa, comme tous les végétaux, comme les animaux et l'Homme, se nourrit de la terre maternelle, mais plus il prend de forces et plus il s'en éloigne. L'ascension vers la lumière est le propre de la nature vivante. Toutefois l'Homme en s'élevant vers la lumière s'élève aussi vers Dieu. »

L' « ancien » ne crache pas devant moi, car il est poli. Seulement il joint encore ses mains, sourit et répond en saluant : — Oui, monsieur.

M'a-t-il compris? Les merveilles défilent. Un char de feuillages, garni de musiciens accroupis, est l'émeraude d'un anneau de lanternes et de torches. Un cerf est passé, chevauché par un chasseur qui brandissait un coutelas. Puis une plantation d'hévéas : de la graine au fumoir, le cycle du labeur de tous les jours se déroule. Sur tout autre arbre la saignée serait une lèpre; sur l'hévéa elle est un chevron. Entre la pépinière et le camion de cinq tonnes l'intervalle est le même qu'entre l'espoir et la réalisation.

L' « ancien » explique... M'a-t-il compris? Je crois saisir que les Annamites n'expectorent pas leur philosophie; ils la ruminent. Sommés de parler ils se réfugient dans l'ambiguité.

Oh ! l'énigme de tous ces fronts derrière lesquels gravite la vision des pluies de fleurs ! de ces yeux que la tâche immédiate ne comble pas, et qui, au lieu de chercher un complément irréel dans les horizons, à la manière des yeux d'Occident, rétrécissent leur champ visuel et contemplent l'éternité dans le provisoire d'une cour de pagode, l'infini dans la convexité d'une fleur de lotus.

Cesse-t-on d'être un sage quand on regarde trop loin? Est-il stérile le silence du poète qui nie les limites? Le Dante a écrit : « Béatrice regardait en haut, et je regardais Béatrice. » Je retourne mon âme. Confucius n'avait pas prévu le Romantisme.

Ils ne conçoivent pas le bonheur comme nous. Ils se réjouiront tout à l'heure à une légende, à une page du passé impérial dont ils suivront avidement les filigranes à travers l'effigie superficielle d'un bouffon. Leurs petites chanteuses soulèvent leurs robes de brocart et leurs visages peints accompagnent la descente rituelle de leurs mains pendant les layes qu'elles font, agenouillées. Leurs comédiens viennent aussi, bariolés sans ménagement. Ils se prosternent devant la « patronne » qui les reconnaît. Puis, celui-ci virevoltant, celui-là ouvrant et refermant un éventail, cet autre effilant les pointes de sa barbe à carcasse de fer, cet autre encore jonglant avec sa lance de bois, ils annoncent chacun son rôle par la mimique appropriée. Je suis avec les Annamites qu'ils amusent et contre ceux des Européens qu'ils ennuient.

Ils partent de leur côté; nous allons du nôtre. J'aimerais me mêler à eux. Leurs dalmatiques d'argent et d'or sont montées sur une soie pâlie qui réclame le soleil. Ces gens de théâtre sont les officiants sans le savoir d'un rite moribond. Ils jouent la comédie à son chevet funèbre. Il marche si lentement, l'empereur, que ses bottes à bouts relevés gênent ! Ses comparses s'accordent à sa cadence. La troupe des comédiens et des chanteuses s'incorpore aux lanternes qui les attendaient. Une cour: tiares, barbes, éventail, lance, plumes, va inoculer des globules anémiés de souvenir au nouveau visage de la Cochinchine.

Le visage a changé. Mais l'âme?

Je ne le saurai pas cette nuit. Ma place n'est pas là-bas, où le gong attire des ombres dans un cercle de feu. Je n'ai pas droit au riz; ni aux baguettes, ni aux cochons laqués, ni aux fruits que l' « ancien » me montra pendant une pause de mon indécision philosophique. Je n'ai droit ni aux ultimes pétards, ni au vinaigre des trompettes de bois, ni au voisinage émouvant de la forêt disciplinée. Le charme de ce qui expire n'est pas pour moi. Je dépends du rameau greffé qui importa la sève ardente. Ma place est marquée sur un point de la table en fer à cheval où la chère sera exquise.

Et devant qu'on serve le potage, durant que M. C..., prince des restaurateurs saïgonnais, refuse de composer avec la négligence; et que M. M..., le jeune et énergique directeur de la plantation, inaugure un bouddha laotien offert à Mme de la Souchère par tout son personnel, je commence le « papier » qu'on attend à mon journal:

« Il y a quatre heures, quand je roulais à 70, après Bienhoa, je ne réalisais pas que la clarté conquérante de mes phares était le symbole très clair du cœur, de l'esprit et de la volonté d'une femme, faisceau courageusement dirigé vers l'impossible pour vaincre la nuit des choses, imposer l'ordre, dicter l'amour, toutes civilisations se rejoignant pour le bonheur de l'humanité... »

La nostalgie du gong meublait l'entr'acte. Le violoncelle de la forêt ne chantait plus. Atténuée par la distance, la chanson de la première comédienne frissonnait comme une jonchée de feuilles. Un boy toussa discrètement derrière moi. Le menu annonçait: aspic de foie gras truffé.

Rencontre

Au lendemain du jour où le jeu des caresses leur avait été inclément, Thi Ba, Thi Nam, Thi Saû, Thi Haï brassaient de l'air en marchant, comme de coutume, mais leurs petits sabots traînaient moins fièrement sur les cailloux de la rue Colombier.

Les deux qui sentaient l'huile de coco crachaient rouge; les deux qui sentaient le Chypre fredonnaient la Madelon. Elles ne portaient ni bracelet, ni collier. Quand elles me croisèrent je les dévisageai. Elles se mirent à rire et à dauber sur mon compte. Je les suivis.

Je ne savais pas qu'elles allaient au dispensaire. C'était par une matinée d'hiver plus radieuse qu'un après-midi d'été en France. Je flânais dans la partie de Saïgon, toute en villas et en jardins, qu'on appelle le Plateau. Des cantonniers en caiao noir ramassaient des feuilles, une à une, ou déposaient de la poussière dans les trous de la chaussée. Des cuisiniers en caiao blanc revenaient du marché à bicyclette avec, dans le même mouchoir fixé au guidon, des bananes, un canard, un poisson, des légumes. Dans tous les jardins des massifs de canas érigeaient leurs sexes fleuris. Des congaïes laborieuses, nichées dans leur faix d'herbe fraîche, suspendaient leur gracilité au rythme souple de leur balancier; la crête de leur file à l'indienne avait le volume des serviettes enroulées autour de leur chignon.

Et Thi Ba, Thi Nam, Thi Saû, Thi Haï, sans autre charge que le souci léger de déguiser leur profession, avaient le même visage que leurs sœurs travailleuses. Les petites prostituées de la Cochinchine laissent leur air canaille sur le coton de leur mouchoir avec les traces de leur maquillage supplicié.

Elles disparurent derrière un mur sans chuchotements ni lanterne, couronné de tessons de bouteilles et de pointes de fer. L'amour, ce dieu, porte lui aussi une couronne d'épines.

D'autres Thi Ba, d'autres Thi Nam sans bracelet ni collier, lumières des soirs de vérité sexuelle et d'illusions asphyxiées, cédaient à l'attirance du portail ouvert chichement. Tant elles sont minces, quoique de formes et de proportions parfaites elles devenaient d'un coup des chimères évanouies. De la mélancolie flottait dans le vide ambiant. Quelquefois seulement des empreintes validaient le souvenir : des talons et des doigts sur le sable — le pouce très écarté.

A mon tour j'essayai d'entrer; mais mon infiltration prit le vide à rebrousse-poil. Le battant de la porte grinça sur des gonds rouillés. Le bruit fut épouvantable. Du fond d'une cour une cornette dériva vers moi: — Monsieur! Monsieur! On n'entre pas ici. La police n'est pas admise.

Ressemblé-je donc à un policier? Qu'importe! si la sœur-concierge est un ange et le docteur Le Quan Trinh un galant homme que ma curiosité ne surprend pas. L'aimable directeur du dispensaire sourit: — Vous n'êtes pas venu pour enlever votre bonne amie?

Je le rassure. Où sont-elles?

Le troupeau passif des bien-aimées vénales est rassemblé sous un hangar. Nulle ne paraît savoir plus loin que le présent figé dans la halte accroupie: l'anus entre les talons, le menton entre les genoux. Elles rient. Quelques-unes procèdent machinalement au curage des ongles de leurs pieds avec les ongles de leurs mains. Elles y insistent puis, d'un index adroit, apaisent une démangeaison de leur cuir chevelu et le sillon tracé rectiligne de la tempe au chignon lourd se referme. Leur résignation me gêne. Qu'est-ce qu'une prostituée sans maquillage?

Dans leurs vestes blanches et leurs pantalons noirs les hirondelles captives ne morguent plus. Quels souvenirs les habitent? Se rappellent-elles les soirs de liberté, leurs triomphes dans le compartiment de la rue Chasseloup-Laubat? Chutes glorieuses sous le Tay vaincu enfin! derrière la porte à glissières... Les feuilles des bananiers cassaient du bois contre le mur... Les margouillats têtaient la nuit par intermittences... Les civils s'en allaient, las et lents, exhalant péniblement un ultime blasphème et une promesse sur le perron. Se rappellent-elles les bucoliques à douze devant la grenouillarde enfumée de la rue Lefebvre? Les clients en « bleus » de chauffe buvaient de la bière sous la tache d'huile inagissante de la lampe. La paillote était basse, les portes sans verrou, les chambres sans cuvette. L'aberration des étoiles calfeutrait le plafond. Si basse la paillote! Les petits « maquereaux », invisibles sur une levée de terre, dans la rizière, exhalaient leur tendresse inquiète sur un violon monocorde. Quand les « bleus » criaient: — Au revoir ! une dernière fois, elles s'informaient préparant leur avenir insiable : — Où çà, toi? — Moi, Paul Lecat; ou bien: — Moi, d'Artagnan. — Toi venir encore fini trois mois? Des serments puérils et solennels s'échangeaient. Elles suivaient les hommes jusqu'à un tonneau découvert, à demi enfoui verticalement dans la vase. Elles exigaient un suprême baiser et puisaient une gamelle d'eau dont elles se rinçaient la bouche. Et les dômes de verdure de la rue Pierre; les seuils pollués de la rue d'Arras; les salons éblouissants des Chinois de Cholon; la concurrente élégante et déloyale de la rue d'Arras, favorite d'un conseiller colonial indigène opiomane, superstitieux et lettré?

Et le coolie-xe aux reins ambigus, dont la joue est si douce au nez qui la frôle, et qui condescend régulièrement à recevoir des cigarettes et des gâteaux des mains de celles qui l'aiment...

Elles apprennent studieusement à se taire. L'impression qu'elles donnent et l'impression que je ressentis naguère devant les « troupeaux » chers à Bruant ne s'interpénètrent pas. En Occident: un troupeau; en Orient: un vol posé. Çà et là elles sont deux qui se cherchent les poux à tour de rôle; pour mieux y voir, elles ouvrent leurs jambes, se rapprochent, s'emboîtent; à laquelle ce pied? Leurs doigts effilés se fichent dans les chevelures longues et étroites comme les anciennes crinières de nos dragons. J'en vois une dont les yeux plus ouverts sont très beaux, les dents très blanches, les seins affirmés sous le calicot; métissée peut-être. Une moue est à ses lèvres. Elle reflète la tristesse discrète des déesses dépossédées des prosternations ordinaires.

Troupeaux d'Occident... pas d'analogies physiques. Amours d'Asie plus resserrées que l'enquête européenne qui les sonde ; mains permanentes sur un désir transposé; virtuosité de la passivité que nulle chaleur ne rebute...

Seule, une sensiblerie exagérée noue des liens entre les méridiens géographiques. Il m'embête ce refrain périmé qui me harcèle: — A la plac' Maub' l'avez-vous vue... Ou bien dans la cour du dépôt...

Une plaque: Ici Bruant n'habita pas.

— Ces vieilles aussi?

— Non. Ce sont deux servantes du dispensaire. Elles aident nos sœurs depuis quinze ans. Le dispensaire fut inauguré en 1895, au mois de juillet. Les premières années, les femmes se débattaient entre les bras des sœurs quand le médecin paraphait leur mise en traitement; piaillaient comme des macaques, malgré les adjurations patientes de leurs gardiennes; ne rêvaient qu'émeute, incendie, évasion. Aujourd'hui, quand elles sont guéries, elles sollicitent d'être gardées encore pendant quatre ou cinq jours.

— Et ce vieux?

— Notre jardinier. Il y a trente ans qu'il râtisse les allées.

— Je ne comprends pas. On écrit couramment dans les journaux français inspirés par des métèques que les Annamites détestent les Français ; qu'ils les subissent et ne les servent que par crainte; qu'ils sont mal payés...

— Nos sœurs ne savent pas gronder. Elles sont justes, fermes, douces. Trois sont françaises, trois annamites. Il y a vingt-deux ans que la Supérieure n'est pas rentrée en France. Venez voir son œuvre.

Le dortoir, séparé du réfectoire, est installé dans le même bâtiment. Cent vingt nattes sont roulées à la tête de cent vingt lits. Chaque pensionnaire dispose d'un casier pour ses provisions futiles. Une salle était réservée aux Japonaises à l'époque où le Mikado tolérait que les mousmées cherchassent fortune au loin. Dans cette autre salle on isole les jeunes filles dont l'inconduite ne fut pas administrativement enregistrée. Tout est propre, clair, aéré.

Un château d'eau, dans la cour, est alimenté par une pompe électrique. Deux lessiveuses profondes fument, prolongeant de leur vapeur les flammes de la balle de paddy.

Un portail. Du gravier sous nos pas. Sur des fils de fer tendus la ronde des cornettes, des draps et des serviettes. Des ramiers familiers volètent alentour. C'est l'allée paisible et reconnue des couvents de France. J'entends les grains d'un chapelet sur la robe d'une sœur que nous saluons au passage et dont la mission d'amour se continue simplement, aiguille aux doigts, sous la tonnelle d'ombre et de silence qui conduit vers les poules et les pintades. Jésus s'acclimata chez Bouddha. Le calme s'amplifie. Une clochette tinte. Après Bruant, Verlaine berce mon cœur « d'une langueur monotone »... Du gravier blanc bordé de buis... Sœur Saint Léon, sœur Saint Exupère, où êtes-vous? Toute une enfance remonte en moi quand je gravis les marches de la chapelle. Qu'est-ce que le Mal, sinon une nécessité qui s'affiche? Qu'est-ce que le Bien, sinon une contrainte qui triomphe?

Mon Dieu a chaud; les portes des chapelles d'Asie restent ouvertes. La lampe inextinguible a la couleur de la braise des périssables baguettes d'encens. Tous les dieux sont sensibles à l'offrande du feu. Et aux prosternations: une sœur agenouillée prie comme prient les sœurs de France. Mon oraison complice rejoint la sienne aux pampres des feuillages de l'autel... « Mon Dieu ! mon Dieu ! la vie est là, simple et tranquille. » Une sœur française prie dans une chapelle d'Asie. Entre la pointe qui recouvre ses épaules et la coiffe immaculée de sa cornette, un galon dépasse. Depuis combien de temps n'a-t-elle pas revu sa patrie, son village — son village surtout ! Le Christ n'a que des servantes humbles. Le Christ est partout.

Comme son contraire la vertu est universelle. Mais Thi Ba, ni Thi Nam, ni Thi Saû, ni Thi Haï n'attendent Jésus pour les relever. Le repentir n'entra pas dans leur destinée. La plate ignorance du péché les dispense du désespoir qui terrassa Madeleine.

Vers les Dieux et les Rois morts

Les vieilles pierres discrètement ressuscitées dorment dans le silence d'un hangar bon pour des charrettes déclassées ou des porcs malades. Le dortoir des dieux fut construit sur la terre. Les dieux dorment debout.

— Vous prendrez le tramway à la station du théâtre et vous descendrez à l'angle de la rue Paul-Blanchy et de la rue Sohier. — Merci.

Je répète, afin de ne pas l'oublier, le conseil qui m'a été donné : Pour aller chez Bouddha, se rendre dans les parages de la Veuve Joyeuse et monter dans une voiture électrique. Voilà qui est fait. Bouddha me protège puisque, malgré l'état lamentable de la voie et les distractions du conducteur le tramway n'a pas déraillé.

Dans la rue Sohier, je m'attends à découvrir une vieille domestique saintongeaise trottant menu ; à entendre la cloche d'un couvent d'Ursulines ; à écouter les pantoufles frôleuses d'un passé provincial névrosé. Les jardinets sont propres, précédés d'une grille avec la fente pour les lettres ; les maisons du style « bains de mer ». Une vierge inconnue paraphe en épelant un charleston son adhésion au désalage moderne. Un phonographe déchire une mélodie de Fauré.

Le Chinois que je prenais pour le concierge du Musée vend des nouilles agglomérées, du sirop d'angélique, de la pâte de coquelicots, des cigarettes, de la limonade et des noix de coco. Il ne distribue pas de maximes pieuses ; il épingle des liasses de papier-monnaie. Quand il prend des notes avec un porteplume qui est un portepoils on dirait qu'il touche la luette d'un enfant qu'une angine tourmente.

Quelle singulière initiation à la crispation sereine de l'éternité ! Nous avons tort de collectionner n'importe où. Le visiteur a besoin de préparer son âme avant d'aborder aux effigies divines. Car le sens du divin est tributaire du sens de l'art dont les expressions formelles sont limitées par les possibilités de transformation de la matière perceptible. Le croyant, cet enfant, se sent pris dans le jeu sentimental du décor qui le dépasse. Sur le parvis de Notre-Dame et sur la chaussée khmère annoncée par des nagas polycéphales, le trouble est identique dans l'âme du croyant. Les dieux qui tombent dans la misère ne sont plus des dieux. C'est pourquoi je vais chez ceux de Saïgon chaussé de jaune, coiffé de noir, fauchant à coups de canne l'herbe des accotements, à l'ombre des tamariniers dont la grève perlée contrebalance la dictature du soleil.

Une pancarte : *Société des Etudes Indochi-*

noises. Un Annamite qui méditait à cropetons sur l'athéisme ou le baquan (1) ressaisit sa hauteur naturelle. Je ne discerne pas si son empressement décèle la joie sainte d'un sacristain à la vue d'un pèlerin, ou le bonheur d'avoir découvert un touriste qui laissera un pourboire. Il me salue ; je lui dis bonjour. Il me précède entre des rangées de statues au sourire réticent, m'entraîne jusqu'au fond du hangar, s'incline :

— Si vous le désirez, j'allumerai l'électricité.

— Hein? L'électri...

— Oui, Monsieur.

Non, mon ami; n'allumez pas l'é-lec-tri-ci-té. Je suis de ceux qui ne pardonnent pas au clergé paroissial d'avoir vissé des ampoules dans les piliers des nefs sonores. Au Musée de la Société des Etudes Indochinoises je me contenterai de la ténuité de ce demi-jour. Ainsi la patine des vieilles pierres prendra mieux sa valeur. Je lirai mieux dans les prunelles quasi-indifférentes des dieux à quatre bras, de qui les longues oreilles écoutent les battements de mon cœur.

— Je peux ; nous avons exactement au moins dix lampes.

Non. Les « cinquante bougies » étourdiraient ces gens très nobles et qui ne surent regarder en face que le soleil. Si vous gagnez votre vie en vous faisant le fossoyeur de l'esthétique et de la foi, n'en

(1) Jeu de cartes très en faveur dans les maisons de jeux clandestines.

devenez pas le vampire. Les dieux ont droit au repos sépulcral comme vous et moi.

A l'entrée j'ai aperçu les gueules de plusieurs caronades et deux ou trois crapouillots montés sur des roues en bois dont tous les points extrêmes ne sont pas à égale distance du moyeu vermoulu. J'ai traversé quatre salles et me trouve dans la cinquième qui porte le numéro 1 d'après la pancarte murale que je respecte. Ma visite sera cyclique, voilà tout.

Ce coin du dortoir est impressionnant malgré le commutateur. Je suis seul ; les bouddahs ne remuent pas. Ils n'ont pas de fourmis dans les jambes, pas de bourbouille dans le dos.

Un klaxon éclate arbitrairement ; son camion ébranle tout. Pauvres dieux ! Leur grandeur était faite de leur immobilité et de la lenteur de leurs prêtres. Ne survécurent au cataclysme que ceux dont le symbole avait été taillé dans le métal ou le minéral compacts. Ceux que la foi avait nichés au cœur des arbres ou dans le corps d'un oiseau disparurent sous la hache d'un bûcheron iconoclaste ou dans la gueule d'un carnassier. Quand on se penche au-dessus des millénaires il semble que toujours les dieux furent les moins forts et que les plus forts furent dieux.

Des milliers d'hommes se sont prosternés aux pieds de ces statues. Des millions d'hommes qui avançaient craintivement, dans le fracas des gongs, des cymbales et des flûtes aigres. L'encens gonflait des millions d'âmes, soulevait les corps aux paupières décloses sous les félicités révélées. La fumée des bûchers crématoires redoublait l'orgie de lumière et achevait l'extase. Et maintenant...

La suave et douloureuse invocation de la *Cantate Angkòréenne*, œuvre d'un prince cambodgien que j'aime fraternellement monte à mes lèvres:

« *Vous êtes morts, les dieux ; à peine les touristes*
« *Viennent-ils soupirer par un beau soir d'été...*
Pauvres princes !...
Pauvres dieux !

Qu'elle soit fruste ou compliquée, la sculpture de ces pierres conserve un sens profond. Celui qui les frappa d'une mailloche inspirée savait qu'il créait des dieux. Devant la *Visnu* de cette Asie merveilleuse, nul ne pense à dire, comme M. de Ridder devant le Doryphore et le Diadumène de Polyclète : « Sont-ils dieux ou humains? » L'Asie faisait des dieux.

Je les détaille dans la paix claustrale maintenant du hangar. Les dieux à quatre bras dont la statique est impeccable sont figés avec leurs attributs. Dans une main, un bouton de lotus ; dans l'autre, une massue ; dans la troisième, une conque ; dans la dernière un petit disque. Ces attributs, le *Caturvargacintani* les donne à Visnu. Visnu !...

C'est elle... quels que soient ses gestes, ses attitudes ; que son corps repose ou que ses doigts expriment l'enseignement ou l'argumentation, un même trouble me vient. Visnu est là ! Je la touche irrévérencieusement sans qu'elle réagisse. Lorsque j'étais adolescent, Jules Verne me révéla les dieux sanglants, la cruauté de Visnu égale à sa science. Et c'est cela Visnu? C'est cela la déesse terrible devant laquelle je m'amuse à imiter un artilleur provoquant la nymphe de marbre d'un jardin public? Mais je recule. Ces tailleurs de pierre ont doté la matière d'un esprit. Cette ronde bosse primitive est effrayante. Visnu me regarde. Je sens qu'elle me regarde. Visnu fait un signe : argumentation ou enseignement? Dans une langue dont les sons m'échappent le sens du geste est indiqué, précis, froid, justicier : « Pour cette fois passe encore. A la prochaine je ne te raterai pas. » Nous aviserons, Madame. En attendant, je découvre que vous n'avez pas de ces modelés que Rodin appelait « la caresse du regard ».

Bouddha dissout ma crainte. Bouddha doit se montrer plus rond en affaires que Visnu. Celui-ci fut trouvé dans la pagode de Khai-Thuong qui l'avait reçu de l'empereur Gialong. Sympathique et rassurant il dort sans remède. Sa corporéité fait sac sur ses jambes repliées « en tailleur ». Ses traits sont détendus, apaisés. Ses mains jointes, paumes ouvertes en-dessus, l'extrémité des pouces mitoyennes : une sébile naturelle. Quand la machine remplacera l'homme tout-à-fait on utilisera des répliques de ce bloc éloquent pour relever de leur faction les « pauvres » de nos porches paroissiaux. La pagode qu'il habitait n'existe plus. Sur son emplacement l'Administration a fait construire la maison réservée au premier président du Tribunal de Saïgon : la justice des hommes a les oreilles moins longues que la justice divine.

Derrière ces maîtres la revue devient gigantesque. Les dieux arrivent par bandes. Au premier rang, un groupe de neuf divinités acéphales, bas relief qui mesure 1 mètre 68 en longueur, 35 centimètres en hauteur et 40 en épaisseur. Il provient de Tra Kieu. Chaque divinité est assise à l'indienne, les bras allongés sur les genoux, les mains disposées selon l'attribut qu'elles tiennent, donc diverses. Les neuf sont nues. Cinq portent une ceinture. Toutes sont parées de bijoux et de bracelets. Aux oreilles de quelques-unes, des boucles. On voit nettement les *vâhana,* ou montures de ces divinités, sculptées sur la partie inférieure du bloc : un lion, un bœuf, un chien, un cheval, un éléphant, un oiseau, une mangouste et un attelage de sept chevaux, le poitrail offert.

Selon toute vraisemblance, ces divinités seraient des *arhats*. Les *arhats,* par nombre de dix-huit en deux théories de neuf, sont disposées généralement sur les côtés du temple où Bouddha se prélasse. Mais je ne recherche pas plus avant. L'Ecole française d'Extrême-Orient m'en voudrait peut-être de piétiner les doutes et les scrupules dans son jardin inexploré. Passons. Préoccupation plus humble : devant ce bas-relief aux volumes râpés je me demande si les sculpteurs chams utilisaient le modèle vivant? Exactitude des mouvements, proportions, tout y est. Le morceau est équilibré. Ces bourreaux du granit y captaient la lumière et recréaient la vie. Ils savaient déjà que la pierre sculptée ne supporte pas les vides car l'opposition est trop dure entre les ombres profondes et la blancheur de la matière. Le génie fut-il de toute éternité, ou le résultat des labeurs successifs? Qu'est-ce que le génie : une somme ou une entité?

Des danseuses quelque peu « ollé ! ollé ! » agitent leurs écharpes sous des moulages pris à Angkor — des apsaras. Un monstre de l'époque pré-khmer : corps d'hommes, tête d'éléphant — un ganeca. Un éléphant aux oreilles stylisées. Un lion dressé sur ses membres postérieurs. Est-ce bien un lion avec ces pattes qui ressemblent à des mains, ce mufle qui ressemble à un museau de singe? Pourquoi pas? Les anciens maniaient le symbole avec adresse. L'humour est un nom plus direct que l'on substitua à l'autre.

Comme les mortiers aux caronades. M'y voici encore. Je n'ai pas voulu que la fumée du scaferlati ordinaire éveillât chez les dieux le souvenir de l'encens. Oh ! ces crapouillots qui sont quatre, comme les trois mousquetaires ! Il en est un qui servit au Tong doc Tran-Ba-Loc, haut personnage qui donna son nom à un boulevard de Cholon après avoir enlevé la tête à quelques centaines de pirates.

Le *Bazar des Diminutifs :* ainsi aimerais-je baptiser ce coin perdu sur la frontière des gazons aveulis. On y trouve toute la séquelle documentaire d'un artisanat minutieux : petit bœufs, petites charrettes, petites faulx, petites tortues, petits sampans. petites lances. Un plâtre évadé des imageries peinturlurées d'Epinal représente Ta-Mô, patriarche de l'Inde, qui vivait aux environs de l'an 525 après Jésus-Christ. Le digne homme, enterré pendant une crise léthargique, ressuscita, et parcourut l'Inde sans s'apercevoir qu'il avait oublié un de ses souliers dans son tombeau. Je le salue ; des ressuscités, on n'en rencontre pas tous les jours. Il y a aussi un canon siamois en bambou fretté de fil de laiton. Bienheureux qui vivait au temps où les canons-sarbacanes étaient enveloppés dans un bas à varices ! Il y a encore des haches, des grattoirs, des mortiers et des pilons, des hameçons en silex. Il y a enfin des portiques fort beaux, un surtout qui supporte tous les personnages du théâtre annamite. Aucun de ces personnages ne traverse une crise d'érotomanie. Le pantalon bouddhiste ne se relève que d'un côté ; son étoffe est opaque.

Les noms se sont perdus des sculpteurs qui faisaient des dieux. Quand l'Art était un acte de foi, le bois ni la pierre n'étaient signés. Les voix montaient et les dieux les reconnaissaient. Les dieux ne calculaient pas la valeur d'une prière d'après les étiquettes des couturiers de leurs fidèles. Les prophètes ne clamaient pas l'avenir dans des temples profanés par des parfums.

Aussi bien cette *Amida Nivra* du XIVe siècle japonais dessine-t-elle le signe de la contemplation, du silence. Elle le prolongera invariablement jusqu'à ce que les vers la rongent. Les vers, comme la Science, sont les ennemis des dieux ; les uns les mordent au cœur, l'autre analyse leur essence, Qu'en restera-t-il?

Un des seins de l'*Amida Nivra* pointe chastement, pareil à celui de cette *Amida Butou*, plus jeune de quatre siècles. L'*Amida Butou* dessine le geste de l'enseignement. Sa main gauche repose sur ses genoux, pouce et index joints, la paume au-dessus : une prise de tabac qui s'attarde ; sa main droite, paume en avant, les deux premiers doigts rapprochés : une prise qui explique... Mais de la bouche bien dessinée les strophes de science ne sortent pas. Je n'entends plus les dieux. J'ai trop fait la guerre. Jadis les dieux protégeaient les hommes. Depuis Franklin nous nous protégeons sans leur concours. Mais savons-nous mieux que jadis de quoi l'électricité est faite?

*
* *

M. B..., l'érudit conservateur de ce Musée, m'avait conseillé d'aller visiter la villa d'un collectionneur d'un autre âge, qui avait connu le général archéologue de Beylié et passait pour le chercheur le plus patient et le plus averti de l'art extrême-oriental : M. Holbé.

Ce savant avait caressé jusqu'à son dernier jour la transparence des porcelaines et l'énigme des bouddhas. Je l'avais vu, une fois, dans le Musée de la rue Sohier ; sa silhouette était de celles que l'on n'oublie pas quand on est soi-même un fervent des années révolues.

Son âme chuchoteuse me devança pendant la promenade émerveillée, le pèlerinage recueilli que je fis à son trésor innombrable. Chaque objet avait été situé, étiqueté, couvé par les mains converties du vieillard : suites de jades aux luisances calmes ; tabatières chinoises imprégnées de senteurs de feuilles d'automne ; sceau impérial qui signifia la vie — ou son contraire ; panthéons japonais où la sérénité s'échelonne par gradins jusqu'à la région suprême ; ivoires tourmentés jusqu'aux délices; larmes de pierre d'eau qui frôlèrent les oreilles des impératrices d'amour ; bouddhas résignés dans la permanence ; jeux de poteries siamoises, de cristaux chinois, de bois japonais ; des arcs, des lances, des sabres, des assiettes, des parchemins.

Un signet marquait encore un livre...

La pluie qui tombait sur les palmes du jardin n'était pas un pleur, n'était pas un chant. Elle était le conseil voilé donné à qui reste impétueux par qui trouva l'extrême raison et n'outrage plus le silence : de l'Asie sereine à l'Europe entreprenante.

Le savant ne faisait plus qu'un avec la Science. Il l'avait rejointe dans l'éternité.

*
* *

Et ce matin d'avril où nous allions à la rencontre des hivers à exhumer. Nous étions deux sur la route, M. B..., directement intéressés dans l'affaire, et moi, que l'imprévu passionnait. Le délégué de l'Ecole Française d'Extrême-Orient était grave, d'une gravité rebelle à la greffe de mon bavardage.

Nous roulions, lestés de nèmes dévorées à Thuduc, vers un mort endormi sous quinze tonnes de granit. L'aube n'avait pas effacé les foulées de la nuit. Des irisations pigmentaient les arbres des réserves forestières.

Des Moïs à pagnes sommaires et des Chams bariolés se rendaient à la file indienne aux plantations d'hévéas. Le vent de notre voiture disloquait des rassemblements compacts de papillons. Des coqs de pagode et des tourterelles comparaient leurs jabots devant nous.

Nous fûmes les hôtes du jeune et énergique directeur des plantations de Xuan-Loc, colon de grande classe et par surcroît fin lettré. Un poignard dans sa botte droite, une large foulard autour du cou, il nous conduisit, après un accueil charmant, vers le point d'interrogation que nous venions résoudre. Des coolies y travaillaient.

— Pourquoi piochent-ils aussi mollement?

— Ils ont peur d'éveiller le génie qui sommeille sous la pierre.

Penché au-dessus d'un trou creusé dans la terre rouge, je m'effare à la vue de la dalle mise à jour par les coolies. Pour quel géant cette couverture? Le nom des yeux vides qu'elle sépare du zénith et qui regardent vers l'Orient? Quel roi, défendu contre les racines avides, n'entend plus le chant des oiseaux?

Quel roi... Quand nos doigts le frôleront il s'émiettera, comme la terre, comme les souches, comme le granit que la pioche râcle — telle la curette d'un médecin débarrassant une plaie.

— Est-ce un roi?

— Qui le sait?

— Que devinrent ses sujets?

Elle ne tomba pas toute seule cette dalle de granit isolée dans un sous-sol de terre rouge. Ils ne se plantèrent pas alentour magiquement ces hauts fûts de basalte symétriques, colonnade de Titans. Que devint le peuple qui déposait le corps de ses maîtres sous une dalle digne de l'escalier des dieux? Un peuple...

Rien de ce que nous voyons ne permet de l'identifier. Ni Khmer, ni Cham. Les colonnes de basalte sont d'une seule pièce; on ignore presque le basalte dans la région. La dalle est nue. M. B... la mesure à coups de talons, un... deux... trois... quatre mètres. Largeur, un mètre cinquante. Epaisseur, trente centimètres.

Les cubes des Pyramides n'atteignent pas au tiers de son poids. Et moi qui croyais qu'après les esclaves égyptiens et les mystiques bretons...

L'édredon de pierre repose sur quatre dalles que les piocheurs dégagent lentement. Ils ont peur. Ce sont des prisonniers de la province. Des linhs les gardent. Ils ont dit : « Nous ne risquons rien puisque nous travaillons contre notre gré. » Mais en dépit de cette déclaration ils ne paraissent pas rassurés. Ils ont salué la pierre avant de saisir la pioche. Très près de la dalle ils ont allumé des baguettes d'encens. L'offrande dissout sa braise dans le soleil imminent qui rehausse d'un galon d'argent le rideau mordoré des hévéas en quinconces.

— Est-ce bien un tombeau?

— Un monument mégalithique alors?

— Comment en avez-vous pressenti l'existence?

— En labourant. Le soc de la charrue a buté contre une grosse pierre. J'ai fait piocher: une de ces colonnes apparut.

— Et vous n'avez pas continué?

— Impossible. Mes coolies, pris de panique, se sont sauvés.

— A ce point-là !

— Pire. Il n'y a pas plus superstitieux que les Moïs. Quand un éléphant dévaste leurs récoltes ils accourent vers moi et me confient la chose dans l'oreille, à voix basse, pour ne pas donner l'éveil au génie qui habite le corps de cet éléphant. Quand ma charrue fut tordue, les indigènes et leurs sorciers commencèrent leurs offrandes au génie inconnu. Cet arbre, là-bas, le voyez-vous? Il est garni de baguettes d'encens comme une Hottentote d'épingles à cheveux démesurées. Le génie qui élut domicile dans le tronc est si chatouilleux que le mécanicien qui conduit un de nos tracteurs affirme que dans le voisinage de l'arbre le moteur s'arrête. J'ai dû sacrifier à ce génie une zone qui est restée en friche.

— Pourquoi cet appendice à la dalle? La pierre a été travaillée. On dirait une planche à hacher gigantesque. Il n'y manque plus qu'un trou pour la suspendre au mur de la cuisine.

— La tête est du côté taillé, les pieds, du côté resté brut. Ils *lui* ont tourné le visage vers le soleil levant.

— *Lui?*

— Oui, lui.

— *Lui!*

Pourquoi pas *elle?* Pourquoi pas *eux?* Il y a place pour trente dans cette boîte. Lui! quelqu'un a cristallisé la pensée latente de tous : *lui.*

— Ah! *Lui!* Vous croyez?

L'heure est rose et les sensitives s'épanouissent au bord de la fosse. M. Bazet et ses deux assistants font trois coutelas. Nous sommes cinq Européens dont les moteurs ne se laissent pas intimider par les génies.

Nous nous regardons les uns les autres. Nous regardons la dalle.

Quelqu'un a dit : « *Lui...* »

La majesté d'un être survit-elle au tombeau?

Alors cette histoire de revenant me crispe. J'en ai assez de mâcher du gravier. Je veux savoir.

— Pioche donc, mon vieux ! Pioche !

Le prisonnier me regarde. Il ne comprend pas. Le chef des linhs répète l'ordre en le traduisant. Le prisonnier promène sa hotte comme un convive le couteau large dans une pièce montée.

Je ne tiens plus en place. C'est ma première fouille. M. B..., plus habitué, suppose :

— Peut-être l'intérieur est-il garni d'inscriptions traitant de sa généalogie?

— Ses vêtements... commence M. Bazet.

— Ses armes, ses attributs...

Car *il* existe désormais, du moins dans nos pronostics enthousiastes.

— Pioche donc !

Une dalle est fendue. Si on dégage la fissure nous regarderons. Nous *le* verrons.

Je veux voir, je veux savoir. *Il* résiste.

— Pioche donc !

Je m'empare de la pioche. La terre rouge emplit mes souliers. Savoir ! Ah ! que les vieilles pierres sont plus vivantes dans la terre qui les conserve que dans les musées où les oisifs les observent ! Mes ahans précipités scandent les hypothèses des autres. Je ne vois plus leurs culottes kaki, leurs bottes jaunes. Je vois la chasuble lamée d'or et le cimier capital du chef immobile. Je pioche pendant qu'ils disent :

— Il reste à établir si le tombeau fut construit souterrain?

— La pergola de basalte indiquerait plutôt le contraire.

— Un glissement des terres aurait donc recouvert le tout?

Je pioche. Le prisonnier psalmodie.

. . . .

Le tombeau était vide. Ma désillusion y entra (1).

---

(1) Depuis que la première partie de ce chapitre fut écrite, les collections de la Société des Etudes Indochinoises ont été transférées dans un bâtiment construit pour servir de Musée, qui porte le nom de « Musée Blanchard de la Brosse » et qui s'élève sur un des côtés du boulevard Norodom, en face du Temple du Souvenir annamite.

Sur le fumier ensoleillé de Cholon

Cholon? Vous en aviez entendu parler sur le bateau. Si vous n'y êtes pas allé le jour de votre arrivée en Cochinchine, quelqu'un s'est chargé de vous y entraîner le lendemain. — Comment! vous ne connaissez pas encore Cholon? Nous irons ensemble, ce soir, manger à la chinoise dans la rue de Paris. C'est tout à fait curieux.

Les Saïgonnais partent pour Cholon plus facilement qu'un Parisien de Montmartre pour Montparnasse. A la condition, toutefois, qu'il fasse nuit. Un Saïgonnais se croirait déshonoré s'il était rencontré à Cholon pendant le jour, s'y promenant pour son plaisir. J'ai donc quelque raison de croire qu'ils connaissent mal Cholon, les visiteurs des soirs illuminés où l'on s'attable devant des repas exceptionnels où la curiosité plus que l'appétit se rassasie. Le vrai Cholon, celui qui travaille dans le riz, dans l'or ou dans la boue, n'est pas celui où nous mangeons en pignochant maladroitement dans des soucoupes innombrables, tandis que des musiques et des rubans de pétards infligent à nos tympans le martyr sans lequel nos amis chinois n'atteindraient pas à la volupté stomacale parfaite. Le Cholon où nous nous essayons à manger entre dix heures du soir et deux heures du matin se réduit à deux rues — qui ne sont pas les plus belles. Les rubans de pétards, les potages aux nids d'hirondelles, les miaulements incompréhensibles des petites chanteuses, les lampes de deux cents bougies : autant de conséquences et non de causes. S'il n'y avait pas un Cholon diurne formidable, débordant d'activité, dégoûtant de sueur, musclé, têtu, concentré, tenace, qui se mouche dans ses doigts et se cure les oreilles en télégraphiant à la Bourse de Londres et aux courtiers de Singapore ou de Hongkong, le Cholon nocturne ressemblerait à un village.

Cinq routes relient Saïgon à Cholon : cinq kilomètres chacune environ. Lorsque votre chauffeur, ne craignant plus de rompre un ressort ou un essieu, appuie sur l'accélérateur, c'est que vous roulez sur le territoire de Cholon où les chaussées ressemblent à des pistes d'autodrome parce que leur entretien n'a pas été confié au service des Travaux Publics de la Cochinchine. A partir de ce moment, si vous savez regarder autour de vous, vous apprendrez comment on vit en Chine. Car à Cholon, malgré les deux cents noms français inscrits sur les listes électorales ; malgré les képis des agents de police, vous êtes en Chine. Du seuil de ces boutiques, du pont de ces jonques, du fond de ces rizeries, de ces décortiqueries, de ces ateliers, du haut de ces tabourets, deux cent mille nombrils chinois vous regardent. Pour trois drapeaux français qui flottent devant la Mairie, devant le Commissariat et devant la Justice de Paix, des dizaines de milliers d'enseignes, de banderolles, d'oriflammes, de pancartes rouges toutes revêtues de caractères chinois — d'énigmes, forment dans l'air des rues un pavois dont la perspective est insécable. Les pompes à incendie sont du dernier modèle... mais des veilleuses à huile brûlent en permanence dans les maisons à côté des moustiquaires et des rideaux. Les noms des rues sont gravés en caractères français sur les plaques indicatrices... mais quand les Chinois de Chine boycottèrent les produits japonais, les Chinois de Cholon se laissèrent aller avec enthousiasme sur la même pente. Un chef de bataillon retraité, linguiste dont la science fait autorité, dirige le collège franco-chinois... mais dans un restaurant de la rue de Paris j'ai vu, au-dessus d'une porte, un écriteau : « Lieu d'uriner ». Le service de l'hygiène, admirablement dirigé par le docteur G., vaccine, désinfecte, surveille, dépiste... mais quand un Moï de Tayninh abat une biche pleine, il en extrait le faon qu'il met à macérer dans du chum-chum dont les Chinois de Cholon, dûment désinfectés, vaccinés, surveillés, feront un médicament contre l'anémie. Pas un Chinois de Cholon n'oserait se présenter à une réception de sa Chambre de Commerce s'il n'était en smoking... mais le lendemain vous le retrouvez derrière son comptoir, en pantalon de rugbyman. Il y a huit fauteuils et dix mètres carrés de glaces chez le coiffeur de la rue des Marins... mais on en sort en se grattant les aisselles et le périnée. Il est entendu qu'un Chinois de Cholon qui reçoit un Européen le traite au champagne... mais dans les salons voisins tous les Chinois boivent du thé. La petite chanteuse chinoise vous abandonne sa main... mais elle vous reproche de sentir le cadavre. Les Chinois de Cholon roulent dans des torpédos à sept places... mais ils les bardent de lanternes, et la couleur des capots donnerait la colique à M. Van Dongen. Les Chinois de Cholon sont transportés au cimetière dans un char-automobile qui n'a son pareil ni au Vaticon, ni à l'Escurial... mais la théorie des pleureuses des musiciens et des porteurs d'offrandes « colle » derrière et au pas. Et ainsi de suite. A Cholon, vous êtes en Chine.

Qu'importe ! Cette Chine est si pleine d'imprévus ! Elle échappe si complètement aux enquêtes des écrivains et des snobs qui ne s'y fourvoient que pendant nuit !

La rue d'An Diem, à Cholon, est parallèle à la rue des Marins et perpendiculaire au boulevard Jaccaréo où les pharmacies, les cliniques et les fumeries d'opium disputent les façades au restaurant Ong Lok Yuen, à la pâtisserie Bing Sut, dont les vitraux et les grilles sont amusants, et au cinéma Sau Tai Luk.

Un matin dans la rue d'An Diem. L'air était

parcouru par des relents ménagers acides et les émanations des tinettes. Les braises des baguettes d'encens, en faisceaux fichés dans les lézardes des murailles ou dans la rigole du trottoir, se dissolvaient dans le soleil déjà haut.

Ce fut soudain un remue-ménage affolé parmi les matrones qui cancanaient et les enfants qui jouaient. Cette foule paisible et si lente à l'ordinaire fut incorporée presque subitement aux maisons dont les portes à claire-voie devinrent muettes. Les marteaux des artisans se figèrent sur les enclumes basses en bois .Seules, les petites baguettes continuèrent : le feu qui consume a la même sérénité que les dieux qui créent.

Pourquoi ce désert après cette foire?

Quatre automobiles venaient d'apparaître. Des Européens et des indigènes en étaient descendus : le résident-maire de Cholon, des médecins, des conseillers municipaux, le chef du service de la voirie. C'était la Commission d'hygiène municipale qui faisait une tournée d'inspection.

— M'autorisez-vous à vous suivre, Monsieur le Maire? — Je vous en prie.

Il est de bon ton, pour un journaliste qui rentre d'une mission aux colonies, de prétendre qu'il s'est heurté à la consigne du silence là-bas; qu'il a dû s'épuiser à soulever tous les boisseaux retournés par les administrateurs ; que des policiers spéciaux ont été attachés à ses pas ; qu'on l'a poussé vers des rivières inguéables ; qu'il pourrait faire la preuve des cambriolages que ses valises ont subies, etc... Je ne sais pas comment les journalistes sont traités en Afrique Occidentale, au Maroc, à Madagascar ou à la Guyane. Mais je sais qu'en Cochinchine n'importe quel journaliste peut causer familièrement avec n'importe quel fonctionnaire français au annamite. avec n'importe quel colon ; s'entretenir librement avec les indigènes. Nos administrateurs ne sont pas des garde-chiourmes.

Celui de Cholon m'ayant accepté sans autres formes, le docteur G... annonce : « Quatorze compartiments. Les murs menacent ruine ; toitures disjointes ; pas de caniveau pour l'écoulement des eaux de cuisine; cube d 'air insuffisant. »

En file indienne la Commission passe d'un compartiment dans l'autre. Les habitants n'ont pas assez d'air ; si des poules couchaient dans ces bicoques elles agoniseraient d'atrophie lente. Nous y découvrons cependant une installation de boulanger, des sacs de son, des étagères garnies de gâteaux. Les poutres, grignotées par les termites, restent compactes par miracle. Singulier effet des repas innombrables des infiniment petits ; le bois rigide est devenu souple ; il se ploie sans se briser malgré le poids des tuiles et les courses effrontées des rats. Les chambres à coucher sont plus infâmes que celles des misérables troglodytes. Çà, là, un éclair dans l'ombre : le reflet d'un chandelier de cuivre sur un autel terni.

Plus loin, dans une impasse de la même rue, en inspectant trois compartiments qu'elle aurait pris pour des remises si elle n'avait pas été prévenue, la Commission découvrira, entassés contre le bas-flanc où dorment l'éleveur et sa marmaille, des cages garnies de sarcelles. Des viandes multiformes sèchent devant la porte, sur des claies de rotin. Les unes sont vertes ; les autres grises. Celles qui sont vertes furent rouges ; celles qui sont grises ressemblent à des mains d'enfant. Approchons. Juste ciel ! Ce sont des mains de singe, qui furent coupées à la naissance du poignet. Est-ce que cela se mange? Nous voilà tous interloqués.

L'interprète nous renseigne après avoir interrogé le maître de céans, tout de gris vêtu, le crâne rasé de près, et qui sourit aux anges en se martelant l'abdomen. En substance, les mains de singe desséchées constituent un remède souverain contre la constipation. Les fait-on bouillir? Jamais de la vie. Les ongles longs du praticien en gris se rejoignent derrière sa nuque, se séparent et redescendent jusqu'à son nombril. Traduction : « Si vous êtes constipé, portez un collier de mains de singes. Vos fonctions naturelles reprendront leur cours normal. »

Les médecins présents n'en croient pas leurs oreilles. Ils ne s'attendaient pas à opérer chez un confrère. Mais la vétusté de sa demeure et la saleté des abords les inquiètent davantage. Malgré les protestations courtoises du propriétaire accouru, les trois compartiments sont frappés comme les quatorze précédents. La Commission les déclare inhabitables. Ils devront être évacués dans trois mois.

Opposition curieuse. Ce peuple chinois est bien celui qui ne veut rien connaître du temps; il n'a pas la notion du temps qui passe. Cependant il y a une pendule dans chaque taudis, quelquefois deux. Toutes marchent correctement. J'ai vérifié. Le nickel des réveils est embué ; le marbre de cette pendulette Louis XV est noirci par la fumée des bougies rouges : les aiguilles tournent régulièrement. Le Chinois regarde et écoute l'heure qui passe ; il ne l'arrête pas. La puanteur, en ce lieu, reste la même de l'aube au crépuscule. Elle est seulement un peu plus chaude pendant la nuit dans les alcôves où les torses nus s'alignent, sinistres comme dans une morgue.

Je fouine dans les angles, sous les appentis, à la recherche d'un de ces laboratoires de Cholon où le vin de Bourgogne et l'eau de Vichy que je bus hier soir furent fabriqués peut-être. Buisson creux : les vignobles et les stations thermales de Cholon, si réputés, ne fonctionnent pas dans la rue d'An Diem.

En revanche, nous visitons une fabrique de fromage de haricots qui doit être prospère si l'on juge d'après le nombre et la capacité des marmites où la pâte bout avec le même bruit que la respiration d'un bronchiteux qui prit une mauvaise position en s'endormant. Tous les ouvriers ont les mains sales. Quand la lessiveuse où les graines de soja sont dépouillées de leurs principes nutritifs tremble un peu trop fort, des gravats y tombent, détachés du toit, des moisissures et des crottes de rats détachées des poutres. Tout fera ventre quand l'ébullition prolongée aura rendu les matières égales.

Des voisinages déconcertants s'affirment. L'industriel et ses suppôts se mouchent dans leurs doigts ; la femme en noir qui prépare leur cuisine a les pieds réduits et l'échine louée à bail par un spécimen morveux de sa race. Mais la lessiveuse est actionnée autour de son axe par une courroie qui embrasse, à l'autre extrémité de son ellipse, un arbre de couche commandé par un moteur électrique.

Le voisin, qui s'est spécialisé dans la mise du fromage en boîtes, fut moins hardi. Ce tardigrade en est encore à un outillage archaïque, cisailles et fers à souder, qu'il conserve « parce que ses pères s'en servaient », nous dit l'interprète. Ici, on utilise les restes. Les vieilles boîtes de lait concentré sont débassassées des bavures du fer blanc. Le fromage sec, découpé en tablettes, y baignera dans un mélange d'eau et d'alcool. On ajuste un couvercle ; on soude ; une de plus. Pas d'autre horizon que le hamac gras et noir et ces invraisemblables cabines obscures en planches pourries et rideaux poisseux. Les murs font un angle de

80 degrés avec l'horizontale. Les rafistolages au fil de fer qui jouent un rôle capital dans l'architecture familiale des Chinois sont devenus inopérants. Il faudra évacuer les casiers de ces ratières.

Un délai raisonnable est accordé à ces braves gens qu'un déménagement précipité ruinerait. La même tolérance ne jouera pas sur les berges du canal de Xom Chui où nous nous laissons emporter en caravane. Là, pas de rémission. Nous avons franchi l'arroyo chinois et sommes descendus au carrefour jaune des deux canaux. Nous piétinons une herbe parsemée de taches immondes. Un coiffeur en plein vent promène un grattoir résigné sur des crânes mouchetés. Autant de ventres d'enfants, autant de convexités étonnantes où l'ombilic encrassé invite à mettre dans le mille. Une stalactite à chaque narine. L'ongle de chaque pouce, trop long, a pris la transparence grisâtre d'une tranche de peau morte taillée dans un durillon.

Les piliers des maisons s'effritent au moindre frôlement. On les dirait en amadou armé. Comment, si fragiles, répondent-ils encore à ce qu'on attendait d'eux? Sous ces toitures obscures, à travers les tuiles desquelles le soleil rend chichement la monnaie, pièce blanche par pièce blanche, les chevrons dessinent un pas de gigue, et ne l'achèvent pas.

Sur la berge de l'arroyo chinois des tailleurs de pierre préparent des stèles funéraires. Ils travaillent sous un hangar ; mais la poutre maîtresse de ce hangar est fendue. Qu'une charrette à bœufs heurte un des piliers..., l'assemblage entier s'écroulera. Ces tailleurs de pierres travaillent pour des morts et la Mort est à califourchon au-dessus de leurs têtes. Comme leurs voisins, les constructeurs de sampans ; un rien suffirait pour que les petites barques devinssent des cercueils .Le soleil plane sur cette insouciance, cette lèpre, cet équilibre incompréhensible. L'ombre, violette devant les hangars, est gris-perle autour des sculpteurs. L'avant des jonques ventrues s'enfonce entre les herbes hautes comme le mufle d'un quadrupède énorme et qui aurait faim.

Nous sautons des fossés dont le fond n'a de nom dans aucune langue. Une fabrique de saumure de haricots; les jarres ensemencées se pâment au soleil. Des mots inusités en pareil lieu sont échangés entre docteurs : « Levure... graisse végétale... sapide... transformation en peptones.» C'est beaucoup trop calé pour moi. Bien assez de retenir au passage que la balle de paddy est un excellent combustible dont les résidus sont souvent vendus aux riziculteurs pour servir soit de mordant, soit d'engrais.

Nous voici sur le quai des Jonques. Le compte du fabricant de saumure a été réglé. Nous allons examiner, paraît-il, le cas d'une vieille dame qui élève pêle-mêle les porcs et les petits enfants. Déjà les odeurs se précisent. Cette nourrisseuse est une dame très riche. Le porc a du bon. Vêtue de noir, elle aussi, obséquieuse et inquiète, la vieille dame nous reçoit devant sa porte et ne nous cache pas que les vieilles dames qui font coucher les cochons avec les petits enfants peuvent avoir à la fois un portefeuille déformé par les piastres, et une bouche désaxée par la chique de bétel. Elle ne cache pas davantage ses biens étendus au soleil. Ses locataires se pressent aux portes. Ils ont le sens du jeu de patience. Ils se mélangent si étroitement qu'on ne peut plus regarder à l'intérieur des taudis. Qui ne pleure pas se mouche; qui ne se gratte pas la tête se frotte nonchalamment les dents. Si chaque cellule est dotée d'une cuisine, c'est dans les cuisines que hurlent les porcs dont les protestations déchaînées signalent qu'ils ont fini par comprendre pourquoi les hommes inventèrent les marmites. Plus calme, devant un pagodon niché au cœur d'un saule, une future maman fait des *tung-kinh*. Elle nous tourne le dos; chaque fois qu'elle salue pieusement, profondément, le geste de ses reins a l'air d'une irrévérence à notre endroit.

Nous pataugeons dans la vase, le purin, les résidus de bétel. Qui habite derrière ce clayonnage? Un cochon. Et de ce côté-ci? Une famille. Très nombreuse la famille. A force d'entrer dans leur paillote et d'en sortir, ses membres ont tracé un sentier qui se transforma en fossé, puis en égoût collecteur à ciel ouvert. Mais la pente n'est pas assez déclive. Le sirop de pourritures ne s'écoule pas; il se voile d'une pellicule imprécise dans laquelle le soleil a jeté son trop plein d'arcs-en-ciel. Le grésyl que la vieille dame avait fait répandre pour apaiser les génies de la Commission expira.

Je ne finirais pas si je racontais ce que j'ai vu, ce matin-là dans les quartiers intumescents de Cholon. Du n° 140 au n° 149 du quai des Jonques les murs sont atteints de furonculose chronique. Entre les moins sales des vanniers accroupis confectionnent des appareils à décortiquer le riz qui ressemblent à des jouets. Entre les plus sales un pauvre être mélancolique confectionne des crêpes. Les toits se gondolent sur cette activité; les corniches — ou ce qui tient lieu — hésitent entre la chute brusque et la déchirure lente; les chambranles voudraient bien se coucher, fatigués qu'ils sont de rester debout depuis si longtemps. L'usure est un architecte qui confond la coupe et l'élévation.

***

Le paupérisme sévit donc cruellement à Cholon que tant d'écrivains ont vue riche et joyeuse? Il y sévit. Quand on passe pendant la nuit devant les rangées de compartiments que la Commission d'hygiène condamna et qu'elle fit évacuer, on n'entend pas respirer les malheureux qui s'y sont glissés clandestinement. Vingt gosiers humains font moins de bruit qu'un moteur d'automobile. Pendant le jour il n'y a personne sous les toitures-écumoires. Mais à la nuit tombante de pauvres diables viennent y trouver un abri. Ils pénètrent par les cours, n'allument pas de chandelle, et s'allongent sur la terre, tristes échardes des millions qui rugissent non loin parmi les cymbales, les pétards et les files d'ampoules qui entreprennent chaque soir de remplacer le soleil.

***

Quand S.M. Monivong, roi du Cambodge, vint en Cochinchine, tout Cholon pavoisa aux couleurs de la France, du Cambodge et de la Chine. Quand S. E. sir Clifford, gouverneur général des établissements anglais des Détroits, vint en Cochinchine, tout Cholon pavoisa aux couleurs de la France, de l'Angleterre et de la Chine. Si le résident-maire faisait connaître, ce soir, à l'aimable et souriant M. Tsa Tsang Yé, secrétaire général de la Chambre de Commerce chinoise de Cholon, que le bey de Tunis et le Président de la République uruguayenne visiteront la ville demain dans la matinée, vous verriez flotter ,demain matin, à toutes les fenêtres des Chinois de la rue de Canton, du boulevard du Tong doc Phuong, de la rue des Artisans, de toutes les rues, étroites ou larges, des milliers de pavillons français et de pavillons chinois encadrant celui de la Tunisie et celui de l'Uruguay. Leurs machines à coudre en auraient confectionné en quelques heures assez de milliers pour honorer les hôtes illustres de la colonie française.

Car ils se prêtent de très bonne grâce à ce que nous leur demandons. Ils s'acquittent de leurs impôts sagement et régulièrement, paient les taxes municipales sans murmurer. Le petite chanteuse, *la fleur* des grands restaurants et des maisons de jeux, a payé 80 piastres — mille francs environ — sa carte annuelle dite « de circulation ». Une fête de congrégation dans une pagode donne lieu à la perception d'une taxe de 30 piastres si les fidèles sont bien sages, de 50 piastres si les fidèles tirent des pétards devant le cheval empaillé qui désarçonna le petit cousin de la branche aînée des bouddhas. Les maisons de tolérances chinoises sont frappées d'une redevance annuelle de 60 piastres ; les matrones qui prennent en pension des chanteuses et des musiciennes remettent au collecteur des taxes une piastre par chambre et par mois. A ces petits et moyens ruisseaux les grandes rivières s'ajoutent. Le tenancier du Mont-de-Piété prélève sur ses bénéfices 29.500 piastres tous les ans à destination des caisses publiques. Et les commerçants...

Il a fallu, il faudra encore beaucoup d'argent, beaucoup de piastres pour faire pousser des pierres blanches et tracer des avenues bordées d'arbres sur le plancher de vase où l'ancienne Cholon croupissait. Nos bons amis les Chinois éprouvent-ils quelque fierté devant leur cité pouilleuse en voie de transformation? Regardent-ils avec orgueil le building qui remplaça la paillote? Comprennent-ils l'utilité de l'arrêté municipal qui interdit de reconstruire en paillotes les quartiers détruits par l'incendie? Considèrent-ils comme normale la formation d'un corps de cantonniers municipaux? Acceptent-ils sans rechigner les prescriptions du code de la rue?

Je crois qu'ils se soumettent à notre discipline par intérêt plutôt que par reconnaissance ou par raison. Leur collaboration à l'œuvre commune et politique est réfléchie plutôt que spontanée et sincère. Ils passeront par toutes les conditions que l'administration française leur imposera si, par réciprocité, l'administration française n'entrave pas l'exercice de leurs commerces. Ailleurs, on dit : « D'abord vivre ». A Cholon, on dit : « D'abord commercer ». Tout y est prétexte à commerce. Rien ne s'y perd et tout s'y crée. Les gros marchands de riz ne sont pas plus assidus à leur bureau que les ramasseurs de bouteilles vides à la rue. Les artisans se spécialisent, mais ils regardent chez le voisin pour savoir s'il y a quelque chose à faire qui rapportera davantage ; permettra de gonfler davantage cette poche de leur ceinture de cuir noir qu'ils consultent fréquemment, comme le cultivateur un baromètre : haut ou bas? épaisse ou plate? Quand la poche est assez grosse, ils achètent une boutique, n'importe laquelle, n'importe où, pour débuter ; ils y vendent n'importe quoi, le Chinois étant également habile dans tous les commerces. Mercantilisme? Non. Volonté de fer? Non. Dignité? Moins encore. Désir de jouir? Vous n'y êtes pas.

Hérédité. Les Chinois de Cholon travaillent parce qu'ils héritèrent le goût du travail. Ils l'ont dans le sang. Quand la première boutique a prospéré, ils la revendent, en achètent une autre plus importante, risquent des sommes plus grosses sur les tables des maisons de jeux, perdent ; ils travaillent ; achètent une chaloupe dont la chaudière est vouée à l'explosion ; construisent une usine — scierie ou décortiquerie ; jouent et perdent ; prêtent à la petite semaine ; achètent une épicerie ; mettent le feu à leur usine dès qu'ils ont payé deux primes à la société française d'assurances ; jouent et gagnent ; achètent des camions automobiles ; jouent et perdent ; mettent alors le feu à leur épicerie, ou font faillite une première fois ; achètent des automobiles silencieuses et les revendent à l'état de ferraille ; achètent sur pied la récolte de riz d'un pauvre nhaqué pour un morceau de pain ; la revendent pour une petite fortune ; jouent et perdent ; et ainsi de suite pendant toute leur vie. La vie de Cholon est intense, agitée, bruyante, parce que les Chinois ne connaissent pas le repos. Ils travaillent jusqu'à leur dernier souffle ; ils ignorent l'art de se retirer des affaires après fortune faite. Il n'y a pas de rentier à Cholon. Le négoce est une question vitale pour le Chinois. Quand un Chinois s'arrête d'acheter et de revendre, c'est qu'il est près de mourir : voici venir la dernière faillite, celle qui ne rapporte rien. Plus de créanciers ni de débiteurs : des pleureuses et un cochon laqué, généralement en carton pâte.

*
* *

Sur le boulevard du Tong doc Phuong l'hôtel Ta Amayen est illuminé : du rez-de-chaussée au belvédère, cinq cents lampes environ. Nous soupons : un Chinois très riche qui ne comprend pas le français, moi qui ne comprends pas le chinois tel qu'on le parle à Canton, et le fils du riche Chinois, un jeune homme charmant qui revient de Paris et de Lyon où il étudia. Quatre verres et deux baguettes par convive. Le potage est d'ailerons de requins, exquis ; les rondelles de lard frites à point ; le pigeon, la peau de canard discrètement rissolés ; une sonnerie de téléphone fait un nœud autour du fil mélodique des petites chanteuses ; un ruban de pétards absorbe notre conversation polie.

Je vais sur le balcon ; regarde. A droite, l'ombre du vieux marché aux poissons ; à gauche, la justice de paix.

En bas, juste sous mes pieds, le cocher annamite d'une voiture malabar. Il est assis sur le bord du trottoir. Poignée d'herbe par poignée d'herbe, il fait manger son cheval à la main, doucement, avec la même lenteur qu'une mère aidant au repas de son enfant.

*
* *

J'ai rencontré le commissaire de police chargé de la surveillance des chanteuses qu'on appelle des « fleurs » — pourquoi? — et de ce qui traite le chant comme un commerce alimentaire : les matrones, les rois des fleurs, etc... population équivoque.

— Ah ! m'a-t-il dit, ce que vous admirez ne s'est pas fait tout seul .Quand je vins à Cholon pour la première fois, il y a vingt-deux ans, les rues étaient des sentines qui traversaient les maisons. Nous étions loin de penser que les arroyos seraient comblés et baptisés boulevards ; que nous serions reliés à Saïgon par le boulevard Galliéni, qui est large de quarante mètres ; qu'on en prévoierait un autre, large de trente-cinq mètres, qui partira de l'emplacement actuel de la gare de Mytho et, suivant une ligne droite, aboutira au cœur de Saïgon. Qu'ils viennent donc voir Cholon, ceux qui prétendent que nos administrateurs ne sont pas des réalisateurs.

J'ai rencontré C..., industriel, qui fait triompher dans toutes les courses la marque française de bicyclettes qu'il dirige.

— Que me parlez-vous de fumier !

Et de me faire asseoir dans un pousse. Nous partons. Les premiers cent mètres sont difficiles, car nous avons donné dans la sortie d'un collège chinois : élèves bien tenus, propres, mais si laids avec leurs casquettes de lycéens ! Puis, dépassant la pagode des Lettrés et celle des Congrégations, nous avons été frôlés par une torpedo rose bonbon, rehaussée de vert et de rouge. — A droite... Va tout droit... A gauche... Les pousses obéissent. C... ne les presse pas; ils vont à l'allure qu'ils préfèrent ; mais il les dirige.

Nous voici devant le garage à deux étages, sur la terrasse supérieure duquel il a fait aménager des cuisines et un château d'eau. Par les deux portes et les quatre baies vitrées du magasin, la lumière y pénètre. L'édifice est en ciment armé. Quoique construit en Cochinchine, il ne s'est pas encore écroulé. Quelle leçon pour les Parisiens !

Les pousses repartent. Mais mon guide : — Toï ! La course serait trop longue pour eux. Il les paye. Nous montons dans sa voiture qu'il conduit. Les brancards de nos pousses sont devenus des antennes dressées presque verticalement sur lesquelles les coolies s'appuient pour se reposer. — En route.

Cet après-midi-là, j'ai vu le vrai Cholon, celui qui ravitaille le monde en riz, la Cochinchine en cochons, en canards et en alcool. C... m'a emmené, par le quai de l'arroyo chinois, et par des ponts invraisemblables, à Binh-Tay, à Rachcat, à Binh Dong. Plus de regards équivoques aggravés par les reflets des plateaux, des chandeliers, des brûle-parfums, des gongs de cuivre, et les luisances discrètes des porcelaines. Plus d'ombres inaffirmées dans un jour filtré par les vitrines et les stores. Rien que des affirmations : du soleil et de la nuit ; d'un côté, la route, l'arroyo, les champs ; de l'autre, les hangars sur lesquels, l'œil encore sous l'empire du soleil, vous ne distinguez ni les piliers, ni les sacs, ni les hommes. L'eau lourde s'insinue entre les roseaux, et lasse, n'achève pas son baiser à la glaise. La proue d'une jonque est dans la poupe d'une autre. Des coolies fléchissent, se redressent, fléchissent, s'en vont, respirant du feu, marchant sur la terre en feu, crispant leurs mains sur des sacs surchauffés, chaîne de fourmis que la nuit des hangars absorbe chargés et vomit bras ballants, pectoraux mécanisés, gueule béante. Un troupeau de dix mille canards descend l'arroyo comme le ferait une île d'herbes. Le vent de la vitesse libère notre respiration, mais quand nous passons devant une cour déserte une bouffée d'air brûlant nous suffoque. Dans nos échines collées aux coussins de la voiture les épingles de la bourbouille s'agitent. Nos casques sont des globes et les montants nickelés du pare-brise nous aveuglent.

Ici, chaque atome de la poussière du soleil correspond à une piastre. Les charognes de chiens évaporent leur pestilence. Les buffles mendient la boue trop rare et trop étroite pour qu'ils se vautrent. L'eau du canal, saturée de chaleur, renvoie celle qui s'offre et les ponts en sont comme embrasés.

C'est dans ce feu que j'ai trouvé de frais légumes de France. Un brigadier du poste de police de Binh Dong les cultive. Son jardinage est florissant. Il en fait profiter ses amis.

Nous revenons par les terres neuves de Cholon, les vastes espaces, nus encore, auxquels les magnifiques bâtiments des Distilleries de l'Indochine promettent un avenir de fortune incomparable. Je n'ai pas assez de courage pour visiter les verreries. J'ai trop de puanteur dans le nez pour visiter les tanneries. La balle de paddy des décortiqueries flotte dans l'atmosphère ; nous faisons notre course les paupières presque jointes, les traits crispés.

***

Au café du Centre, rue des Marins, le seul, à Cholon, qui soit géré par un Français. On s'y retrouve entre compatriotes, sous les ventilateurs. Les Corses y forment la majorité.

— Voyez-vous, me dit C... en retirant son casque, nous ne savons pas soigner notre publicité. Si les Américains avaient fait un Cholon, les amateurs de cinéma des cinq parties du monde l'auraient appris aussitôt. Nous? Nous avons laissé les voyageurs pressés colporter des légendes ; nous nous sommes contentés de sourire devant les romans où Cholon est présentée comme le paradis des agents de police et le nouvel Eldorado des douaniers. Nos hôpitaux? notre Maternité? nos dispensaires? nos cliniques? nos écoles? Foutaises pour ces messieurs qui vinrent chez nous pour y voir des chanteuses et des canards. Au lieu de tant parler de ce qui fut, de raconter des racontars, ils feraient mieux de dire ce qui est. Sans la science et le travail des Français, les piastres des Chinois n'auraient jamais fait Cholon ! Qu'est-ce que vous prenez?

Eux : les Anciens...

« Quels rudes hommes, Messieurs, que *ces premiers exploitants du sol !* Et quelles fatigues, « quelles difficultés ils avaient journellement à « combattre ! Isolés de tout et de tous, mal logés, « mal ravitaillés, mal outillés, riches le plus sou« vent seulement de leurs bras et de leur courage, « ignorant, hélas ! tout ou à peu près des possibi« lités et des modes de culture, *ils s'acharnaient à « produire, avec une opiniâtreté que rien ne désar« mait,* ni les intempéries qui noyaient ou dessé« chaient leurs récoltes, ni les bêtes, grandes et « petites, qui les dévastaient, ni la fièvre et la « dysenterie qui ruinaient leur santé.

« Nous recevions souvent leur hospitalité, nous « qui cherchions de notre côté à leur tracer des « voies de communication. On partageait frater« nellement la conserve, la boule de riz, la qui« nine. On échangeait avec une sympathie réci« proque, faite des mêmes fatigues partagées, « quelques propos simples sur le temps, sur la « chasse, sur les cultures des uns, sur les recon« naissances des autres, et l'on se séparait, sans « être jamais bien sûr de se revoir, les uns pour

« retourner à leur ingrate exploitation, les autres « pour reprendre à travers les marécages et les « forêts leur patient cheminement de fourmi.

« Eh bien, Messieurs, ce sont ces efforts élémen- « taires conjugués, étendus de proche en proche à « tous les domaines, qui, tenacement poursuivis, « courageusement repris après mille tâtonnements, « mille insuccès, mille traverses, ont fini par fixer « dans ce pays la bonne semence d'où est sortie, « par le phénomène naturel de la croissance et « de la multiplication, la magnifique floraison « actuelle. »

Ainsi parla M. Lavit, le 10 janvier 1929, quand, arrivant à Phnom Penh pour y exercer les fonctions de résident supérieur, il répondit aux souhaits de bienvenue qui lui étaient adressés.

Mais, dira-t-on, le Cambodge n'est pas la Cochinchine ! En effet : deux cent quarante kilomètres séparent Saïgon de Phnom Penh. C'est beaucoup? C'est peu. La dysenterie, la bilieuse hématurique, le paludisme ne font pas état de certaines séparations géographiques. L'âme et les souffrances des précurseurs furent les mêmes partout. L'esprit de ceux qui survivent n'a pas changé.

Les anciens ! Quand vous en rencontrez un, que ce soit dans un café de Saïgon, dans un bungalow de l'intérieur, au détour d'une route, ou derrière un corbillard, vous n'avez qu'à vous présenter pour être adopté. — Vous êtes Français? — Oui. — Moi aussi. Ils ont lutté, souffert ; ils comprennent...

La glace est rompue. A bout de cinq minutes les histoires du temps passé commencent. Je souhaite que vous en entendiez beaucoup, et de la bouche même de ces hommes dont les cheveux sont blancs, qui répètent avec un soupir, à la fin de chaque anecdote : — Vous n'avez pas connu ce temps-là.

A moins qu'ils ne l'aient répété en commençant : — Si vous aviez connu ce temps-là ! J'étais installé à Thudaumot. Nous avions un chef de province extraordinaire, aussi joyeux garçon que travailleur infatigable. Ne se mit-il pas en tête, un beau jour, de faire combattre une panthère et un buffle ? Aussitôt pensé : aussitôt préparé. Pendant que des prisonniers creusent la fosse qui servira d'arène, mon administrateur lance des invitations dans la société saïgonnaise. Au jour dit, tout était prêt. Vous n'avez pas connu le temps où l'on allait de Saïgon à Thudaumot en calèche découverte. C'était un voyage compliqué à cause des bacs. L'attrait du spectacle promis fit oublier aux belles dames les fatigues de la route ; elles accompagnèrent leurs maris.

Le buffle était dans la fosse quand on y précipita la panthère. Lequel triompherait ? On avait eu à peine le temps de se le demander quand tout à coup la panthère se ramassa, fit un bond formidable et retomba au milieu des spectateurs et des spectatrices. Vous voyez le tableau ? Fort heureusement l'administrateur avait apporté son revolver et il savait s'en servir.

Le danger passé, tout le monde déplora de n'avoir pas assisté au spectacle promis. Il fallut recommencer quelques jours plus tard. Cette fois, on avait fait mettre dans la fosse une maman buffle avec son petit. Dès qu'elle aperçut la panthère elle chargea. La panthère souffla rauque, se détendit, sortit dents et griffes, mais ce ne fut pas long. D'un seul coup de corne le buffle l'étendit pantelante. On l'acheva aussitôt.

Les échos de ces rencontres mémorables arrivèrent jusqu'aux oreilles du gouverneur de la Cochinchine. L'administrateur de Thudaumot fut invité à fournir des explications. Il s'en tira très adroitement : « Depuis quelque temps, écrivit-il, on m'avait signalé que les conducteurs des charrettes à bœufs n'osaient plus s'arrêter le soir pour faire reposer leurs bêtes au bord de la route pendant la nuit. De nombreuses attaques de campements par des fauves avaient eu lieu; des bœufs avaient été saignés. Dans ces conditions, il m'avait paru utile de démontrer aux indigènes de la province qu'un buffle peut venir à bout d'une panthère. »

— Et si le buffle avait succombé?

— L'administrateur serait sorti de l'aventure avec autant d'adresse. Ah! Monsieur! si vous aviez connu ce temps-là! Il y a trente ans que je suis en Cochinchine. Je suis peut-être le seul qui puisse certifier que l'amiral Courbet souffrait d'une cystite.

— Courbet? Il est mort en 1885.

— Mais son cuisinier chinois survécut. Il s'était installé du côté de Nhatrang, en Annam. « Tu comprends, me racontait-il, amiral faire petit convoi petits bateaux sampans sur arroyo. Lui toujours devant avec moi. Toujours arrêter convoi pourquoi sampan amiral encore arrêté. Encore amiral pisser. N'a pas bon pisser quand sampan marcher. »

La peau tannée, les yeux brillants, ils ont l'air rude, mais ils bloquent leur pousse tous les dix mètres pour serrer la main d'un camarade qui passe. Ils ne disent jamais l' « Hôtel des Nations » pour désigner cet établissement qui est resté pour eux l' « hôtel Pancrazzi » — du nom de son ancien propriétaire. Ils font trois cents kilomètres à une allure folle, risquant de faire capoter leur voiture et de se rompre les os à tous les tournants, pour ne pas manquer d'arriver à l'heure aux obsèques d'un vieux camarade. Arrivés à la maison mortuaire ils s'informent simplement : — Où sont les enfants? Ils ne les embrassent pas ; ils font mieux ; ils les adoptent. Ils connaissent, chacun dans son cercle, les notables annamites qui ont le même âge qu'eux. Ils affirment en riant qu'un apéritif n'a jamais tué personne et commandent un anis pour vous, un « quart » d'eau minérale pour eux. Ils se promènent bras dessus, bras dessous avec le vénérable de la Loge de Saïgon et remisent leur voiture, une heure ou deux plus tard, dans la cour d'une « Mission » — histoire de causer un peu... Lorsqu'ils ont abattu un cerf ils envoient le meilleur morceau à un ami que ses occupations retiennent au chef-lieu de la province. Ils se tutoient entre eux et ils mettent dans ce tutoiement tellement de choses incompréhensibles pour vous, le nouveau, que vous vous taisez, pris de respect.

— Vous n'avez pas connu ce temps où les hôteliers faisaient crédit pendant trois, quatre mois, quand nous n'avions pas de travail. J'ai décoré un Moï d'une médaille de fer blanc. Je prospectais alors entre Honquan et la Nui Bara, dans la région du Song Bé. Il me fallut deux hommes pour m'aider à porter mes outils au sommet de la Nui Bara. Quand j'en parlai au chef du village moï, il se mit à trembler d'effroi et tous ses pareils l'imitèrent. Réfléchissez : les génies inconnus fourmillaient sur cette montagne ! Las de parlementer en vain, je m'assis pour déjeuner. Quand j'eus terminé, je découpai le fond d'une boîte de conserves avec mon couteau et décorai de cette rondelle dentelée le vieux chef qui se confondit en remerciements et me donna un de ses hommes. Nous partîmes, le condamné et moi, lui marchant derrière, à cause des génies. Hélas ! je n'étais pas au bout de mes peines ; une autre histoire se préparait que je ne prévoyais pas. Quand nous fûmes en haut, que le Moï découvrit le panorama qui se développe autour de la Nui Bara, la terreur l'envahit. Ce malheureux n'avait jamais vu autant d'espace en une seule fois. Je dus le laisser à sa contemplation extasiée et cuire notre riz dans un morceau de bambou femelle dont un des nœuds fit un fond de gamelle assez résistant.

*
* *

On entend quelquefois des phrases émouvantes dans les cafés où les anciens s'asseoient:

— Rentrer en France, moi? Je n'ai plus personne.

— Trop tard pour devenir riche. Je bricole.

— Donne-moi dix piastres et mets ton nom là-dessus. — Pourquoi mon nom? — Pour X... que le service de santé rapatrie. — Alors, je mets vingt piastres, mais tu n'as pas besoin de mon nom.

— C'est comme ce journaliste qui a écrit que l'esprit d'imitation est si fort chez les Annamites, que si la Russie s'emparait de l'Indochine tous les nhaqués achèteraient un poêle russe. As-tu vu un radiateur de chauffage central dans une canha, malgré le grand nombre de radiateurs en service en France? — Pour ceux qui viennent découvrir l'Indochine il n'y a pas de juste milieu : ou ils prennent les Annamites pour des idiots, ou ils les proclament capables de devenir tous ingénieurs ou médecins.

*
* *

Si la route qui relie Gocong à Cantho est aussi belle, c'est à un « ancien » que les Annamites le doivent. Ils aiment l'ombre des filaos plantés à droite et à gauche de cette avenue. Leurs automobiles y passent, nombreuses. Se rappellent-ils que les premiers filaos plantés là furent arrachés par eux? De tous temps l'opposition politique fit des gestes imbéciles. A la fin, désespérant de voir ses arbres grandir, l'administrateur de Gocong fit connaître aux populations qu'il renonçait à « donner de l'ombre à des gens qui n'en avaient pas besoin, qui ne se souciaient pas d'avoir la peau blanche ». Il autorisa l'arrachage des derniers filaos : à dater de ce jour, les arbres grandirent normalement.

Cet ancien (il a droit à ce titre puisqu'il vit en Cochinchine depuis trente-neuf ans) a compris l'âme annamite. Lorsque, pour une cause ou pour une autre, les affaires dont il est chargé se compliquent, il aime répéter tout bas le vieux dicton annamite qui exprime sous une forme concrète l'idée d'ordre, d'harmonie, sans laquelle il n'est pas d'équilibre stable ici-bas : « La bouche est faite pour le riz, comme le buffle pour la rizière, et le sexe de l'homme pour le sexe de la femme. » Traduction française : une place pour chaque chose ; chaque chose à sa place.

Quand M. F... cessa de diriger la province de Gocong, ses administrés élevèrent un autel dans la pagode de Dong Son, afin que son souvenir fut perpétué. Depuis, pour bien montrer qu'ils ne l'oublient pas, ils lui rendent visite dans la petite villa qu'il a fait construire à Saïgon. Ils s'assoient auprès de lui familièrement, sur le lit de camp; lui remettent des fruits, des œufs, quelques mesures de riz. Ils causent.

Je me suis demandé souvent, quand j'écoutais les partisans de l'ordre par la concorde, leurs appels à la compréhension réciproque des races pour que leur collaboration devienne féconde, pourquoi M. F... n'est même pas chevalier de la Légion d'honneur?

*
* *

En 1928, le 14 janvier, pendant que la Foire de Saïgon attestait la vitalité de la Cochinchine transfigurée, je me suis rappelé qu'il n'est pas d'œuvre sans annonciateurs, pas de progrès sans précurseurs. La porte monumentale de la Foire flamboyait ; dix mille articles étaient exposés dans les stands ; les Hollandais, les Siamois, les Japonais étaient venus à Saïgon comme aimantés par sa prospérité, sa beauté, sa gloire. Les couleurs et les parfums du Corso fleuri se mouvaient voluptueusement parmi les toilettes claires. Les girandoles de lumière couraient sur le crépuscule, nervures délicates d'une gigantesque feuille transparente.

J'ai pensé aux anciens des anciens ; à ceux qui dorment, anonymes ou presque, sous un voile de fleurs sauvages et dont le sacrifice avait enfanté cette apothéose.

C'est loin; c'est à l'extrémité de la rue de Massiges. Ils dorment, adossés au chargement de la rue Legrand de la Liraye. La grille ouvre sur une allée où le silence ne laisse pas de trace. Je l'ai poussée.

Ils sont à gauche, le long du mur. On en trouve d'autres, plus loin, au bord d'une allée perpendiculaire. Quand on les habilla pour la dernière fois, on ne prévit pas qu'ils auraient besoin d'une chape inusable. Mais la nature y pourvut : des tiges vertes s'enlacent, plus étroitement que les mains symboliques. Les apports du vent comblent les interstices des pierres lasses d'attendre une impossible résurrection.

Pour voir de plus près ceux que l'on enterra le long du mur, il est nécessaire d'enjamber une haie robuste dont les tentacules retiennent qui les frôle, comme si tout ce qui vit leur semblait anormal, dangereux. Si longtemps l'oubli les enveloppa que la représentation palpable de l'abstrait se confondit un jour avec la matière : les croix brisées sont retombées sur les dalles. Plus haut que leur souffle sans voix, des oiseaux font leur nid.

Les autres, ceux de l'allée perpendiculaire, furent dotés plus richement. Mais il n'est tombeau qui résiste aux années. Des lettres s'effilochent. Lentement, sans bruit, tels les grains d'un sablier, des grains de sable glissent par les fentes latérales et chutent vers on ne sait quoi ; ils tombent ; sur quoi? Qu'y a-t-il au fond du trou? Quelle matière les recueille? On ne sait pas. On ne veut pas savoir. On lit: gendarme... gendarme... gendarme. S'ils naquirent? Rien ne l'indique. Ils moururent, voilà tout.

Loin d'eux, sous les herbes folles d'un champ que la rue Lanzarotte traverse, j'en ai trouvé un autre que la lumière de la Foire n'atteint pas. Plus loin encore, perclus de solitude, d'autres dont on ne connaît l'âge que par celui de leur caban minéral. Des noms? A quoi bon. L'œuvre est bien plus belle quand elle reste anonyme. Les syllabes font trop de bruit. L'idée seule compte. Les précurseurs sont confondus dans l'idée du sacrifice. Les morts ne disent pas : « Nous avons fait cela ». Ils disent : « Voici ce qui fut fait. »

Pourquoi ne se sont-ils formés en cortège, ce soir, pour aller contempler l'œuvre que leur sacrifice prépara? Qui le leur dira, puisque je suis tout seul avec eux, si je ne leur parle pas? Cette synthèse du travail, de l'adresse et de la force, l'aviez-vous pressentie, ô morts?

Nous ne regardons pas les cimetières comme les cimetières regardent les villes. Nos yeux sont trop faibles. La nuit des vivants est moins lumineuse que le soleil des morts.

Routes

A Saïgon, dans la rue Catinat, à 8 heures du matin. Les toilettes des femmes sont légères et bigarrées. Des fox se poursuivent. Des groupes se forment, où l'on se reconnaît joyeusement — ne s'étant pas revus depuis la veille. Chaque groupe ressemble, de loin, à une grosse fleur : autour d'un casque les pétales des ombrelles. Des feuilles de soleil — les seules qui ne meurent pas — dansent sur les trottoirs. On se congratule en souriant. Les fox renouent connaissance.

Coup de baguette magique : toutes les femmes sont aussi jolies que celles qui, dans notre Europe, profitent d'une villégiature d'un mois à la montagne ou à la mer pour être belles. Il fait si beau ; un tel bien-être vous parcourt ; les mollets nus des enfants sont si bronzés ; les stores du Continental et les fauteuils de la Pagode de couleurs si nettes que l'illusion s'empare de vous.

— Si j'emportais un souvenir de Royat ?

Mais dans cette boutique, pour avenante qu'elle soit, on ne vend ni pierres d'Auvergne, ni coquillages nacrés. Ce magasin de souvenirs est une pharmacie. Un coolie pousse a reposé les brancards de son véhicule à vos pieds. Il sourit. Ses yeux vous invitent. Vous ne résistez pas.

En 1925, la municipalité de Saïgon fit asphalter 6.140 mètres carrés des rues de la ville ; en 1926, 19.438 mètres carrés; en 1927, 71.795 mètres carrés. Les chiffres sont moins beaux que les lettres; ils ont cependant leur éloquence; il n'est pas inutile d'en citer quelques-uns, ne serait-ce que pour répondre aux explorateurs enroués. Connaît-on beaucoup de villes, en France, où l'année 1927 fut marquée par la construction de deux marchés, le tracé de dix kilomètres de rues, la pose de canalisations d'eau sur sept kilomètres, l'installation de l'éclairage axial dans la plupart des rues?

Deux villes en une, mais sans frontières; les quartiers s'assemblent par leurs bords irréguliers: un puzzle. Confiture et crème Chantilly dans la même assiette. Çà, là, un cheveu tombé de la tignasse de la servante: une file de compartiments chinois; on y chemine à l'odorat comme les marins naviguent à la boussole.

Assemblage unique en Extrême-Orient: le boulevard Norodom, la rue Blancsubé, la tonnelle Catinat, le boulevard Bonnard, les allées Rouelle. Les routes qui partent vers les provinces jaillissent de Saïgon, blanches, rouges, vertes, comme les fusées d'un soleil au soir d'une fête immense.

Lignes pures des premiers plans; coloris fondus, jamais cernés des lointains. Petits jardins, petites maisons: intimité. Nous roulons sur l'asphalte de la rue de Massiges. De la soie sur les fleurs; de la dentelle aux fenêtres. Comme elles sentent bon les grilles des villas de Biarritz !

Métamorphose soudaine: voici l'Asie une fois de plus, l'Asie grouillante, lente, embuée, qui pue le Coty et le poisson. Dans ce quartier de Dakao l'assiduité chinoise bouscule le farniente annamite. Un créancier noir monte la garde sur le seuil d'un débiteur jaune. Ecole française. Coiffeurs, tailleurs, épiciers, blanchisseurs, R. O. — régie d'opium — dans des boutiques égales contre les enseignes desquelles la lumière frappe et rebondit ainsi que la balle du pelotari contre un fronton. Les locataires, les propriétaires et les clients débordent jusque sur les trottoirs. Les Annamites qui vivent là ne sont pas heureux. Pour qu'un Annamite soit heureux dans sa maison, il faut que celle-ci s'élève derrière une haie, au fond d'une cour, au milieu des arbres; qu'il puisse accrocher son hamac ou étaler son lit de camp pour voir sans être vu; que le tumulte des foules, des autos, des tramways, des disputes ne trouble pas la chanson monotone de son violon dont les clefs ont la forme des têtes d'épingles que les élégantes fichent dans leur joli chignon en coquillage; que les odeurs étrangères ne l'empêchent pas de savourer le sucre noir qui vient de Phnom-Penh, le meilleur des sucres noirs, puisque vendu en cornets pour être mangé à la main — et le sucre blanc étant réservé pour la période du Têt.

Les Chinois, ces trafiquants infatigables, sont les maîtres des façades. A Dakao, j'en vois trois, cinq, dix par boutique. Leurs logaritmes sont résumés en un jeu de boules égales enfilées dans des tiges de métal. Ils tirent des bouffées de misère d'une pipe cylindrique aussi grosse que leurs mollets. Ils comptent sur les boules, surveillent les mains des acheteurs au détail, aspergent d'une pluie d'eau et de salive, dans un grand bruit de bouche, nos chemises avant de les repasser. Toile de fond: des flacons de bonbons américains; des bouteilles de Cognac, de simili Sauternes, de Bourgogne ;des tricots blancs. Bouddha est descendu de l'Olympe. Il folâtre au bras de Bacchus. Il a doublé sa peau suivant les prescriptions du docteur Rassurel.

Mânes de Lafayette et de Marie-Antoinette, ne tressaillez pas ! Encrier de Joseph Delteil, ne te renverse pas ! Dans ce cloaque un café idyllique: le « Trianon »; mais le chien qui veille a l'œil méchant, la lèvre triste. Ce n'est pas un chien de bergère. L'amour a les chiens qu'il mérite.

Klaxon, virage. Sous un tamarinier la meute de Job étire ses échines galeuses dans des flaques de bétel. Autour d'un comptoir trois Chinois couvent le génie d'un phonographe. L'auto fait trembler six baguettes d'encens fichées devant une bouche d'égout. Elles ne tombent pas. Si je regarde le soleil une demi-seconde, je ne vois plus, ensuite, la braise des baguettes ni la mascotte nickelée de ma voiture. Les progrès et la tradition des hommes sont également petits devant l'infiini.

Un pont. Fait pour joindre deux berges il sépare deux provinces. L'arroyo de l'Avalanche, haussé par la marée; nous sommes à Giadinh. Des écriteaux limitent la vitesse. Sur les flancs de toutes les routes de la Cochinchine il y a des écriteaux qui invitent à limiter la vitesse; d'autres qui montrent la direction à suivre, et signalent les points dangereux. Dans ce pays qu'on croit si loin de la France, le fil d'Ariane est tissé par des adeptes du Touring-Club. Avec la vitesse nous avons importé les freins. J'ai constaté maintes fois que les Annamites ne regrettent pas d'avoir remisé les nobles palanquins dans le magasin aux accessoires.

Virages devant l'inspection de Giadinh. Route paradisiaque où tout est prétexte à couleurs. D'un autocar jaune bordé de vert — 15 places — une petite congaïe gris-perle descend après avoir conjuré la compacité des vingt-cinq autres voyageurs. Elle gagne vite l'accotement de la route; s'y ébroue discrètement; vérifie la chute de sa tunique dont un pan avait été relevé pendant le voyage; de ses mains fines refait le nœud de son foulard de soie blanche autour de ses cheveux; déploie une ombrelle violette; et sans se retourner, s'enfonce dans un sentier d'ombre.

Elle va aux Trois Pagodes. Je lui laisse prendre de l'avance. Comme ils sont clairs les matins de la Cochinchine ! Comme on se sent loin de la ville dès les portes de Saïgon ! Deux charrettes à bœufs grincent en mesure et dans ce calme leur grincement ne fait pas mal ; il rappelle que la vie n'est pas éteinte dans l'éblouissement du jour où l'on s'engourdit doucement, doucement, la tête dans une main, un coude sur la portière, doucement... Mon casque !

Et ma congaïe ! Moteur. Chemin d'ombre. Charrette à bœufs .Le conducteur dort ; les bœufs se rangent sur la droite. Les bœufs de la Cochinchine connaissent le Code de la route. Les buffles eux, manquent d'éducation. Ils surgissent d'une rizière et vous front freiner sur cinq mètres pour un oui, pour un non.

Cimetière, les Trois Pagodes.

La congaïe gracieuse se balance dans un champ fleuri de pierres ponces taillées en boutons de lotus monstrueux. L'herbe pousse drue sur le terreau des morts. La lumière croule et l'air s'élève. Sur l'arête faîtière d'une pagode un dragon déroule ses anneaux de faïence bleue.

La petite congaïe a déposé son ombrelle, déplié un faisceau de baguettes, frotté une allumette de haut en bas. Je ne vois que ses épaules graciles et la ligne unie de sa tunique, à peine convexe à la hauteur des hanches. Le pantalon et les babouches disparaissent dans les herbes.

Connaîtrai-je par cette femme l'âme du peuple annamite? Un peuple mort s'indentifie par ses églises et par ses tombeaux. Mais un peuple vivant? Par ses savants, ses rustres, ou par ses femmes? Hélas! la légende fleurit ici en bordure du tramway électrique. La fumée des baguettes se partage en trois quand elle est près de dépasser l'antenne du poste de T.S.F. voisin. Brûlerai-je le poste de T.S.F. et le tramway, comme Néron brûla Rome: pour voir vrai, pour voir juste... Je ne serais pas inspiré davantage; le double visage me narguerait encore, puisque, au pied d'une haie d'hibiscus, deux jeunes annamites rivalisent sur leurs guitares à deux cordes; l'un psalmodie en nasillant comme son oncle; l'autre pince « La Madelon ». Le ver est dans le fruit.

De cette route, qui conduit vers l'Est, j'ai gagné Cholon et la route de l'Ouest. Après la rouge, la blanche. Ici, rien sauf la mer doucement frissonnante des rizières: les millions de piastres étendus sans murs, sans barrières, la mine d'or à ciel ouvert, la prospérité étale de chaque côté de la route qui s'y enfonce, droite: un coutelas dans du beurre.

Routes de l'Est qui conduisent de plantation en plantation, taillant leur trace dans la terre grise ou la terre rouge. Le travail n'exclut pas la grâce. A Anloc des mimosées sont essaimées parmi les hévéas; à Suzannah, à Long Tanh, le clocher d'une chapelle dépasse les arbres; à Trung Lap, un canot flotte sur un petit lac et, dans l'usine où le latex est transformé en feuilles, des peintures font évoquer les scènes de la vie agricole; sur la plantation de Lai Khe la maison du directeur est à deux étages; sur celle de MM. Giuntoli et Prunetti, c'est une villa que la côte d'Azur envierait si elle la voyait; sur celle de M. Canque les coolies sont logés — un logement par famille — dans des bâtiments en béton armé; à Phuc Hoa le confort ne le cède en rien à l'élégance: des ventilateurs attendent que le directeur soit revenu de la chasse au tigre, et sa femme de l'infirmerie où elle se dépense tous les jours et tournent dès qu'ils sont là; à Xuan Loc une jeune femme exquise vous reçoit au seuil d'une maison neuve construite par son époux.

Routes de l'Est... Elles desservaient, en 1926, 134.000 hectares de plantations sur lesquelles on soignait 10.553.273 arbres à latex. Depuis... Les bûcherons n'ont pas de cesse. Il n'y a plus de forêt entre Saïgon et le Cap Saint-Jacques; la route Chesne est plus sûre pour le promeneur isolé que ne l'est le Bois de Boulogne.

Mais sur le plancher de bois des ponts que le chemin de fer traverse ,des touques sont maintenues pleines d'eau, en cas d'incendie; sur les bas-côtés des routes les indigènes vont encore à la file indienne, le balancier à l'épaule, et le chef de file portant une torche pendant la nuit; passé huit heures du soir, à la saison des pluies, les yeux des cerfs, des lapins et des biches font penser aux lampions d'une fête vénitienne après que tous les visiteurs sont partis.

Routes de l'Ouest, vers Tanan, Mytho, Bentré, Gocong, Canthô, Vinhlong; plus loin encore: vers Baclieu, Rachgia, Hatien, par Soctrang, ou Longxuyen ou Sadec... En 1928, il y avait 4.500 kilomètres de routes empierrées en Cochinchine. Le cube dragué depuis 1923 pour la construction et l'entretien des canaux dépassait dix millions de mètres cubes.

Routes de l'Ouest...

Les parents d'un jeune Annamite nous ont invités, L... et moi, au mariage de leur fils. Nous sommes descendus au bord d'un canal très large que nous avons passé dans un long sampan étroit et sans profondeur, avec trois femmes qui revenaient du marché. L'une d'elles portait un cochon de lait, la tête contre son épaule, les jambons dans ses mains. L'animal était emmailloté; au lieu de langes, des journaux. Il dormait.

J'ai touché les journaux, demandé: — Pourquoi çà? La femme a consulté ses compagnes du regard et s'est tue. J'ai répété: — Pourquoi çà? Les yeux tournés vers l'eau, elle a répondu: — Ça beaucoup fait cacá.

Puis, nous nous sommes engagés, L... et moi, dans la rizière, nous dirigeant vers le bosquet de bambous que des aigrettes blanches survolaient. Quand nous y touchâmes, nous dûmes passer sous une banderolle: *Vive la France*, pendant que cinq musiciens annamites jouaient la *Marseillaise* dans leurs pistons, leur baryton et leur basse en cuivre.

Routes de l'Ouest...

Mytho, coquette comme une fille et souple au bord de l'eau du Mékong. Au milieu du fleuve, Culao Rong, l'île des Lépreux. Entre Tanan et Mytho, le Paradou. Sur les routes empierrées, des voitures automobiles; sur les chemins d'eau, des jonques. On ne compte pas les jonques; on n'essaye pas. J'y avais renoncé dans le petit port de Thuduc; je ne l'entreprendrai pas du quai de Mytho, nœud des communications fluviales de l'Ouest. A Mytho tout le monde est riche — ou presque.

C'est à Mytho que mille morveux, désobéissant à leurs parents, ou leur ayant caché leur intention, lapidèrent deux gendarmes français, en 1926. Les gendarmes se protégèrent la tête derrière leur coiffure et derrière leurs bras. Ils attendirent d'être tombés sur les genoux, aveuglés par le sang, pour sortir leurs revolvers des étuis et tirer quelques coups en l'air. Les écervelés prirent peur et s'enfuirent.

Routes de l'Ouest, témoignages d'une prospérité que les statisticiens après les poètes enregistrent d'une plume qu'ils ont trempée dans un flacon d'encre dorée. Balance commerciale: excédent des exportations sur les importations... un milliard et 134.829.000 francs. Routes de l'Est, de l'Ouest et du Nord vers Gô Dâu Ha et le Cambodge: routes et canaux-témoins ! En 1878 les cultures de la Cochinchine couvraient à peine 350.000 hectares; en 1928, cinquante ans après, elles couvraient 2.500.000 hectares. Dans le même laps de temps les exportations des paddys, des riz et de leurs dérivés avaient été quintuplées.

Routes familières. Le garde-barrière du pont du Song Cai ne manquait jamais de venir me tenir compagnie lorsqu'il avait été obligé d'arrêter ma voiture pour laisser passer le train. Nous causions en regardant les nhos qui risquaient cinq ou six sous au *dao tuong,* jeu qui consiste à faire rouler un sou en le lançant sur une pierre inclinée, de telle façon qu'il s'arrête le plus près possible d'une ligne droite tracée un peu plus loin; le gagnant est celui dont le sou est le plus rapproché de cette ligne. Le train arrivait, couronné d'escarbilles incandescentes.

Le plancher — le pont — du bac de Mithouan a pris tellement de soleil depuis ce matin, qu'un Annamite dont les pieds sont nus ne sait plus où les poser. Il s'agenouille sur le plat-bord; avec son chapeau conique puise de l'eau dans le fleuve, arrose le pont, se rince la bouche, se relève, et, les mains jointes derrière le dos, confie son torse maigre à la caresse de l'air que le bac enfin parti déplace.

Un soir, à six heures, nous étions en panne entre la gare de Tanan et le pont du petit Vaïco. Un Annamite en longue tunique noire s'approcha du chauffeur, se renseigna. Je lui demandai: — Pourquoi vous promenez-vous avec un parapluie ouvert? — C'est à cause du serein, monsieur, répondit-il. Et il partit. L'avais-je vexé? En remettant ses outils dans la boîte le chauffeur me dit: — Monsieur attends s'il vous plaît. Je n'attendis pas longtemps. L'homme au parapluie revenait, mais avec deux indigènes à qui il donna des ordres. Cinq minutes plus tard la voiture était prête à repartir.

Où notre digne sauveur avait-il déniché ses deux ouvriers spécialisés? Je ne le saurai jamais.

Routes de Cochinchine... Les rouleaux à vapeur enfoncent les rechargements; les cuves de bitume fument; les dragues mordent la terre, hargneuses, constantes, inlassables. Peu après Cai Lai et jusqu'au bac du Bassac deux canaux bordent la route: trois voies parallèles qui conduisent vers Cantho, la capitale de l'Ouest. Sur l'eau, entraînés par les hautes voiles en paille de riz, les sacs de paddy pour lesquels les flancs des jonques furent arrondis. Sur la chaussée, les hommes. Elle n'est pas trop large; on s'y croise, on s'y dépasse. Que sera-ce dans dix ans? Les automobiles pullulent déjà. Rien qu'au chef-lieu de Travinh, un des moins importants, quelque deux cents voitures de tourisme et plus de cent voitures pour les transports en commun sont inscrites au commissariat.

Routes aériennes...

L'eau, la vase, ni les 529.000 hectares de réserves forestières n'ont arrêté les équipes lancées sur les traces d'Auguste Pavie, le créateur des lignes télégraphiques de l'Indochine. Le réseau des routes aériennes est digne de l'autre.

Un vieux broussard célibataire m'accueillait toujours avec des cris de joie quand j'arrivais porteur de pain frais et de glace. Une fois, en attendant l'heure du dîner, il me racontait des histoires de chasse: « Tu comprends: le tigre est aussi bête qu'il est malin. J'en ai tué un que j'avais repéré parce qu'il passait toutes les nuits à imiter le cri du cerf. Au lieu d'un cerf, ce fut moi qu'il attira. »

Une sonnerie résonna: — Tu m'excuses... On m'appelle de Saïgon.

Il ne dépose pas tous les jours de la glace dans son verre. Il chasse encore au tigre. Mais sa plantation, située à vingt-cinq kilomètres de tout centre habité, est reliée par un fil téléphonique à Saïgon.

Routes de Cochinchine...

1878-1928

Quand on revient de Cholon ou de Gocong ou de Thudaumôt, en 1928, et qu'on feuillette l'ouvrage publié en 1878 par le Comité agricole et industriel de la Cochinchine (1) on croit rêver. Les auteurs considèrent comme vertigineux le total de 375.000 tonneaux de riz exportés annuellement. Ils consacrent moins de huit lignes à la culture du mûrier. Ils préconisent l'extension des champs de tabac, « un des produits sur lesquels nous devons le plus compter pour accroître la richesse de notre colonie ». Ils citent comme exploitations agricoles importantes :

1° *La Société agricole et industrielle de la Cochinchine, du Cambodge et de l'Annam,* qui possède 60 hectares à Thuduc et 75 hectares à Chau-thoi près de Bienhoa.

2° *Plantation Vandelet,* à Cho-duoc, près de Saïgon, d'une contenance de 15 hectares.

3° *Société de la Nouvelle-Espérance,* dans la plaine des Tombeaux : 483 hectares de cannes à sucre.

4° *Plantation Fargues :* 23 hectares de poivres, caféiers, vanilliers.

---

(1) La Cochinchine Française — Paris (Challamel).

5° *Société agricole de Phu-Quoc;* 400 hectares.

6° *Société chinoise de Thudaumot.*

Ils rappellent que l'exploitation des forêts de l'Etat est libre pour tout individu « qui s'est muni d'un permis de coupe permanent aux prix annuel de 400 francs. »

Ils ne font, évidemment, aucune allusion à la culture de l'hévéa.

Ils mentionnent seulement trois usines munies de machines européennes pour le décortiquage des paddys: « Les Annamites décortiquent leur riz à domicile avec des moulins indigènes et traitent particulièrement avec les Chinois qui préparent le riz et ne le livrent au commerce européen que déjà décortiqué... Il n'a pas encore été possible de vaincre la routine... »

Ils parlent de l'industrie de la soie au passé: « La seule filature de soie qui ait fonctionné régulièrement en Cochinchine est l'*Usine Samuel, Francfort et Cie* qui, fondée en 1869, se vit forcée d'arrêter ses travaux à la fin de 1874 ».

Ils découragent les amateurs de bière: « Il y a quelques années, une brasserie s'était établie à Saïgon. L'orge était, comme en Europe, prise comme base de la fabrication ;mais on fut malheureusement, à cause de la trop rapide germination de cette céréale, qui amenait la pourriture du grain, obligé d'y substituer le riz. Après plusieurs essais infructueux, la qualité de la bière s'améliora, et elle put être ordonnée aux malades de l'hôpital; cette opération dut s'arrêter à cause de la mort d'un des chefs de l'établissement. Une deuxième tentative, plus récente, n'a pas donné de résultats. »

Ils font mention d'une scierie mécanique installée à Saïgon « après plusieurs essais qui furent tentés sans donner de résultats bien caractérisés. » La scierie à bras est florissante.

Ils peuvent écrire: « Les cuirs sont à peu près perdus. A peine en fabrique-t-on quelques tambours ou tams-tams et quelques grossières sandales. C'est la peau du buffle qui est employée en tannerie. »

Ils sont plus réconfortants en ce qui concerne la construction des maisons. Par contre: « On ne fait en Cochinchine qu'une poterie grossière, consistant en: marmites, fourneaux, jarres. » L'industrie de la chaux est restreinte aux besoins des consommateurs de bétel. La chaux de construction est importée. Quant aux fonderies elles sont spécialisées dans un travail de minime importance et ne produisent que des objets de petites dimensions: cloches, brûle-parfums, cymbales, etc... Elles sont installées à Choquan.

Les auteurs de « *La Cochinchine française en 1878* » énumèrent quelques autres industries, quelques autres cultures. Leur enquête accuse le laisser-aller et la paresse des populations autochtones. A propos de l'orfèvrerie: « Elle est soignée, quoique routinière, réfractaire à tout progrès et par conséquent peu lucrative. »

Ainsi, en 1878, l'agriculture et l'industrie étaient *relativement* peu développées en Cochinchine .Le riz représentait à lui seul, les trois quarts de la valeur des exportations. Conscient des ressources formidables du grenier de l'Asie, le contre-amiral Page avait déclaré Saïgon port franc dès le 18 février 1860. Une prospérité soudaine en était résultée. En 1861, Saïgon avait reçu 251 navires européens et chinois. En 1877, elle en avait reçu 403.

Les besoins de ce pays étaient énormes. Ils dépassaient ses ressources. Les statistiques pour 1877 accusent 61.814.686 francs d'objets importés, contre 60.420.032 francs de produits exportés. Deux banques seulement étaient établies à Saïgon: la *Hongkong and Changhaï Banking Corporation Company* et la *Banque de l'Indochine*. La Chambre de Commerce avait été réorganisée le 4 juin 1877.

En ce temps-là, le *Courrier de Saïgon,* ancêtre du *Courrier Saïgonnais* paraissait deux fois par mois. Quelques bulletins techniques, édités par la Direction de l'Intérieur ou celle du Jardin Botanique, étaient les meilleures lectures offertes aux Européens, en dehors des courriers réguliers. Ces publications avaient toutes un caractère officiel ou semi-officiel. Un journal publié par des particuliers, l'*Indépendant*, avait dû suspendre sa publication. Le *Giadinh Bao*, rédigé en quôc-ngu, empruntait sa copie au *Journal Officiel*... et ne la lui rendait jamais.

Nonobstant ces lacunes, ces hésitations, les bienfaits de l'occupation française commençaient à se faire sentir. Le peuple annamite ouvrait son âme à la brise occidentale qui lui apportait des parfums nouveaux .Le 24 mars 1877, le Code annamite avait été transformé. Les pénalités barbares avaient été remplacées par des peines plus conformes à l'humanité. Il n'est pas inutile de rappeler ici comment les équivalences de peines furent définies (1).

50 jours de cangue furent convertis en 50 jours de prison; 100 coups de truong en un emprisonnement de 9 à 11 mois; la strangulation avec sursis, en travaux forcés; la mort lente, en exécution par décapitation.

*
* *

En 1928, les transactions commerciales du port de Saïgon dépassèrent six milliards de francs.

Et nous avons inspiré à nos administrés une confiance telle, que 112.000 élèves fréquentent nos écoles; nos médecins ont donné, en 1926, 451.350

(2) Ces transformations s'appliquent au Code Annamite moderne. L'ancien était beaucoup plus cruel. Il prévoyait: 1° la marque; 2° l'ablation du nez; 3° l'amputation d'un pied; 4° la castration; 5° la mort. Le Code moderne n'avait pas dépouillé toute cruauté puisqu'il appliquait la peine de mort de trois manières différentes: par strangulation, par décapitation, par mort lente.

consultations à des malades indigènes qui s'étaient présentés devant eux librement, spontanément.

Comment en serait-il autrement? L'Annamite des villes vit au contact permanent de l'Européen auquel il emprunte mieux que les modes nouvelles. L'Annamite des campagnes assiste à la mise en valeur ininterrompue des terres; les routes et les canaux vont vers lui; les établissements d'assistance, les écoles s'ouvrent devant lui et ses enfants. Le sol inculte se bonifie par l'adjonction d'engrais judicieusement choisis. La justice est rendue devant des justices de paix où les doléances des plaignants sont écoutées attentivement. Le chemin des cœurs nous est ouvert.

La France ne détruit pas: elle complète. La France n'asservit pas les peuples qu'elle administre: elle collabore avec eux.

Cinquante années ont suffi pour que la Cochinchine devînt la terre-type des réalisations. La Foire de Saïgon en fit la preuve.

***

Ils étaient venus des points les plus reculés des dix-neuf provinces fertilisées par cinquante années d'ordre et de concorde. Ils étaient venus, nouveaux rois mages, chargés de richesses et de présents, guidés par l'étoile qui resplendissait au-dessus du portail monumental de la rue Taberd. De plus loin : du Laos, apportant à pleines brassées les étoffes de lamés somptueux ; du Tonkin où le rêve traditionnel palpite jusque dans les doigts agiles des artisans ; de l'Annam, terre des souvenirs et des promesses ; du Cambodge musical et fastueux. De plus loin : du Japon, de l'Insulinde. Ils étaient tous venus ; la curiosité étonnée du monde convergeait vers Saïgon, perle de l'Extrême-Orient.

Ils se groupèrent autour du pavillon de la Cochinchinc où se tenaient les Anges, les Archanges, les Dominations — car les créations humaines ont leur hiérarchie comme les créatures divines. Ce pavillon était un paradis féérique et charmant. Des reflets s'allumaient aux flancs des poteries ; les soieries chatoyaient ; un rais de soleil cravatait le col d'un bocal ; un coffret couvait son mystère embaumé ; des pensées s'éveillaient sur les rayons d'une bibliothèque ; des pirogues de course geignaient sous la poussée de leurs rameurs ; les nattes de Rachgia sollicitaient des pieds invisibles ; le *trahué* murmurait dans les théières de Gocong; une souris de Saïgon méditait devant un piège à tigre de Tayninh ; des parfums sylvestres s'exhalaient des écorces en gouttières ; une assemblée de vieillards aux ongles longs discutait autour d'un service à liqueurs, en bois ; une marmite brune bouillait sur le rubis intermittent d'un fourneau primitif et brun ; royal, quasi-divin, le caoutchouc s'étirait en rubans de crêpes aériens ; des poissons et des madrépores objectaient leur inertie vernissée à la lumière blonde.

Les jolis boutons d'or ! Ces boutons d'or sont des cocons de vers à soie. L'administration locale attache une importance extrême au développement de la sériciculture. Elle a créé les bureaux d'achats de ses stations séricicoles, afin d'encourager les éleveurs indigènes. Elle distribue gratuitement des pontes sélectionnées (1.335.000 en 1926) et des boutures de mûriers (400.000 pendant la même année). Les progrès de la sériciculture sont considérables. Chaudoc et Bentré sont les centres les plus importants de cette nouvelle richesse. Trois graphiques en indiquent l'accroissement constant : en 1911 on enregistra 279.283 pontes sélectionnées ; en 1916, 722.439 ; en 1926, 1.334.634. Le rendement moyen des cocons s'est accru dans des proportions satisfaisantes dans les magnaneries modèles : 24 pour 100 en 1926, contre 7,5 pour 100 en 1921. Enfin, toute industrie ou culture ne valant que si elle trouve les débouchés correspondants, le dernier graphique additionne les achats de cocons consentis au cours des mêmes années. Le succès de la sériciculture cochinchinoise se conçoit facilement quand on palpe la toile de soie, le satin, la toile de Pelette et la peau de soie fabriqués dans les ateliers du pays.

Le service océanographique des pêches de l'Indochine a envoyé une série curieuse de gorgones et d'alcyonaires dragués à l'embouchure du Mékong. L'utile côtoie l'agréable : voici des coquillages comestibles en flacons ; de la farine de poissons ;

de l'engrais, sous-produit de l'autolyse de poissons ; des huîtres en salaison ; des déchets de crevettes ; des Holuthries, sortes de champignons noirs qui furent peut-être autre chose quand ils vivaient. Des coquilles et du corail rassurent un peu, dans le désarroi de la vue et de l'odorat qui exagèrent involontairement leur sensibilité.

Sur les mêmes étagères circulaires, adossées à la cheminée où la statue de Gambetta fut enfermée pour la durée de la Foire, ou dans les vitrines avoisinantes, les produits agricoles des provinces se succèdent, classés par les services compétents : poivres de Hatien ; tabacs de Bentré, de Giadinh, de Tayninh, de Baria ; noix d'arex, thés, gingembre ; cafés de la station de Bencat ; farine de manioc ; patates ; maïs ; arachides de Tayninh, de Giadinh, de Bentré, de Travinh, de Cholon ; la série des tourteaux de coprah, des kapoks, des cotons ; la gamme des grosses huiles : riz, kapok, coton, arachide, coco, hévéa.

Les Annamites affluent autour de cet étalage et échangent des considérations que l'on aimerait pouvoir traduire. L'essence d'Andropogon, ou nard de citronnelle, est un relais sur la route des alcools, du vin de Chine, du sucre en tablette, du sucre en pain.

L'odeur si particulière du caoutchouc, devinée tout à l'heure, se précise et s'intensifie. Mais le riz est si proche ! On touche du doigt les échantillons de paddy envoyés par les provinces, en sacs ou en flacons. Le Laboratoire de Génétique les fit se succéder dans un ordre scientifique. Deux tableaux instruisent les visiteurs. L'un fut dressé après des essais de fumure de rizières alunées avec emplo de superphosphate. L'autre énumère les variétés de riz sélectionnées : il y en a cinquante-deux, du *Cadung Gocong* au *Tau Huong*. Est-il, en France une seule personne qui interrompit sa déglutition d'un gâteau de riz pour réfléchir sur les bienfaits de la sélection et de la standardisation des récoltes? Qui connaît, à Paris, les concours de paddy les expériences d'hybridation, les usines de triage de Mytho et de Cantho? Qui connaît l'ingénieux distributeur de paddy inventé et fabriqué par M. Huynh-huu-Quan, de la province de Cantho? Cet appareil, exposé une fois déjà au concours de paddy provincial de 1923, avait rapporté à son inventeur un diplôme d'honneur.

Dans une vitrine, plusieurs pièces de soie grège de Bentré, des sampots de Chaudoc, des draps, robes, foulards, brodés par les élèves de la Sainte-Enfance de Cholon font un ensemble qui gagne à être regardé de très près. Trames, broderies, teintes sont également fines.

L'artisanat provincial a délégué une suite de petits ouvrages ingénieux : des jeux d'armes annamites dont l'or et le rouge véhéments ne menacent que les visionnaires ; des vases en carton ; des classeurs, de l'école de Canton, à Cholon ; des outils agricoles en réduction, assemblés à Chaudoc et à

Soctrang ; Tanan lança un sampan somptueux ; Gocong a équipé une barque de mer complète ; Rachgia dota un conducteur gras d'une paire de bœufs maigres ; Sadec a mis en ligne une jonque et des pirogues ; Bentré a reproduit un appareil à décortiquer le coton ; Chaudoc, des moulins à décortiquer le paddy et des traîneaux pour le transporter ; Mytho a sculpté sur bois ; le tissu polychrome des théières de Gocong jointoie des vanneries disséminées... Joujoux, travaux de patience qui détendent l'esprit, l'amusent. Tout à coup...

Une pancarte : Saïgon exporta 50.000 tonnes de maïs en 1926. On fait donc du maïs en Cochinchine? Pourquoi n'en « ferait »-on pas? On « fait » beaucoup de choses en Cochinchine. Les Parisiens qui se rendent si joyeusement à Saint-Maur ou à Villeneuve-Saint-Georges, le dimanche, pour entendre un ami leur dire : — Mangez de cette salade; elle est de mon jardin — ces Parisiens comprendront les Saïgonnais qui vont déjeuner « à la campagne », le dimanche, pour entendre un ami leur dire : — Goûtez de ce café ; il est de ma plantation.

Du riz, du maïs, du café, de la canne à sucre, des coprahs, du tabac, du poivre, du coton, du kapok...

— Et le caoutchouc ?

— C'est une autre histoire.

Le caoutchouc, seconde richesse de la Cochinchine

J'entends bien : vous connaissez la « question ». Depuis trois ans la France est inondée de prospectus, de livres, de brochures, où la Cochinchine est présentée comme un nouvel Eldorado ; des individus qui n'ont jamais vu grandir un hévéa exposent en phrases rondelettes les destinées merveilleuses des valeurs caoutchoutières devant des auditoires de rentiers ; des racoleurs promettent jusqu'à trois mille francs d'appointements par mois de farniente aux jeunes gens « désireux de se créer une situation » en Cochinchine. Prospectus, livres, brochures, conférenciers, bonimenteurs insistent sur la double nécessité de servir les intérêts de la France et de réaliser de bons placements. La terre rouge, la terre grise, les piastres, le drapeau tricolore défilent dans le même kaléidoscope. Ohé ! bonnes gens, venez voir, venez entendre ! On ne paye qu'en sortant.

Vous avez lu, entendu ; vous connaissez la question. La connaissez-vous bien ? La connaissez-vous toute ?

Il y trois façons de connaître du caoutchouc. La

première est celle de tout le monde : le caoutchouc coule tout cuit d'un arbre qui pousse dans les pays chauds. La deuxième est celle des filous : le caoutchouc n'est pas une gomme végétale: c'est du papier qui pousse à Paris, dans la rue Vivienne, dans la rue d'Anjou, dans la rue de Rivoli, dans toutes les rues où l'on tripote. La troisième est moins répandue : les coloniaux en chambre l'ignorent ; les boursiers marrons la rejettent avec dédain. C'est celle qui conduit les colons, les savants et les industriels honnêtes à se placer devant les problèmes du caoutchouc et à les étudier ; elle seule mérite que nous nous y arrêtions.

Savez-vous comment on découvrit que le caoutchouc pouvait devenir une source de revenus respectables? L'aventure des boursiers de Londres, dont le scepticisme fut puni, est narrée dans un petit livre qui fut publié à Paris en 1911, par M. T. G. Cavadia, sous le titre : « Les Plantations de Caoutchoucs ». La voici :

« En 1903 et 1904, dans les Indes Anglaises, à Ceylan et en Malaisie, il s'était formé de petites sociétés de plantation de caoutchouc qui pour se développer exigèrent des capitaux. D'abord les fonds furent recueillis sur place, mais en quantité hors de proportion avec les besoins croissants. Le recours aux capitaux européens s'imposa.

« La première idée des planteurs fut naturellement de s'adresser à leurs correspondants de Londres. Par complaisance, et plutôt pour conserver leur clientèle que par conviction, ceux-ci souscrivirent, sans attacher autrement de valeur aux titres qui leur tombaient ainsi entre les mains.

« Or, il arriva un moment où les porteurs, surchargés de papiers, et constamment sollicités pour de nouveaux capitaux, demandèrent l'inscription de ces valeurs à la cote du Stock Exchange. Ce fut un beau scandale ! Guindée sur sa *respectability*, la noble corporation des brokers refusa dédaigneusement d'admettre dans le temple où trônent les Consolidés, des sociétés de si peu d'envergure.

« Les porteurs inaugurèrent alors entre eux, à la Bourse de Mincing Lane (Bourse du Commerce), un marché de leurs titres.

« Mais pendant ce temps, les arbres des plantations continuaient à croître et les plus anciennes d'entre elles entraient en production. Les dividendes variaient pour la première année entre 10 et 100 %, suivant la proportion d'arbres âgés que possédait chaque Société.

« Ceci se passait au début de 1909.

« Qui s'inquiéta alors? Le Stock Exchange, le fier et hautain Stock Exchange, à qui, par sa faute, allait échapper le *boom* du caoutchouc. On assista alors à un revirement complet. Les brokers, avec une touchante unanimité, déclarèrent que les valeurs de caoutchouc, étant des titres mobiliers et non des marchandises, devaient quitter la cote de Mincing Lane et entrer dans leur domaine.

« Mais Mincing Lane, qui avait méritoirement et très intelligemment créé, organisé et soutenu le marché des caoutchoucs, ne voulut rien entendre. On n'osa pas aller plus loin. Résultat : les valeurs caoutchoutières s'inscrivirent, depuis lors, sur les deux cotes. »

Cependant l'Indochine possédait déjà quelques hévéas. Des spécimens avaient été importés en Asie vers 1876, venant des bords de l'Amazone. Ils avaient été répartis entre Ceylan et Buitenzorg. D'après M. Morange, l'*Hévéa brasiliensis* aurait été introduit en Cochinchine, mais sans succès, vers 1880. Une deuxième tentative, faite par M. Seligmann, inspecteur des P.T.T., en 1891, n'en aurait pas eu davantage. Le troisième essai d'importation réussit. M. Raoul, pharmacien en chef des Colonies, chargé de mission en Malaisie, ayant envoyé en 1897 des graines d'hévéa au Jardin Botanique de Saïgon, 1.800 plants germèrent, dont 800 furent répartis entre la concession de Suoi Giao, qui appartenait au docteur Yersin, et celles de quelques autres colons, parmi lesquels MM. Canavaggio et Josselme. Un lot de 1.000 graines fut affecté au champ d'essais d'Ong-Yem.

Mais le vrai précurseur du caoutchouc en Cochinchine fut M. Bellan qui, ayant importé deux fois mille graines, puis trois fois quinze mille, toutes achetées à Ceylan, créa la première exploitation d'*hévéas bresiliensis* aux portes de Saïgon, et fit sa première belle récolte en 1909. Son exemple n'allait pas tarder à être suivi. En 1926, l'Indochine a exporté 8.589.361 kilogrammes de caoutchouc.

*
* *

Le caoutchouc de la Cochinchine est-il meilleur ou moins bon que celui de la Malaisie et celui de Ceylan? La question fut posée à la suite d'une circulaire sévère adressée à nos planteurs par un des plus gros acheteurs de France, planteur lui-même et manufacturier. A tort ou à raison? La conscience professionnelle des planteurs français est connue. La bonne qualité de leurs produits ne l'est pas moins. Quelle peut être, dans ces conditions, la cause de la discorde entre le preneur et le fournisseur?

Celle-ci : Le caoutchouc brut est le seul produit acheté et vendu sans analyse préalable permettant de préciser et d'arbitrer les contestations en cas de conflit.

On voit déjà que l'acheteur a toujours le droit d'écrire au vendeur : « Votre marchandise ne réunit pas les qualités que nous espérions. » — et de l'inviter à améliorer ses gommes. De les améliorer comment? S'il ne s'agit que de les présenter sans déchets extérieurs, bois, clous, graviers, le travail est facile. S'il s'agit d'accroître les qualités mécaniques des gommes, la tâche dépasse la compétence du producteur et les moyens ordinaires de son usine.

Au surplus, qui connaît exactement, aujourd'hui, les qualités mécaniques des gommes, en dehors de quelques chimistes spécialisés? Les courtiers anglais qui tiennent le grand marché de Singapore sont obligés d'avouer qu'ils classent ces gommes après un examen physique très rapide. Des confusions graves se produisent ainsi. Tout le monde en pâtit. La réputation des courtiers anglais n'y gagne pas. On raconte à ce sujet qu'un syndicat de planteurs de Java ayant prié quelques courtiers de Singapore de procéder au classement de plusieurs lots de caoutchouc, ces messieurs s'exécutèrent. Les planteurs leurs dirent merci et demandèrent à des chimistes d'expertiser scientifiquement ce classement empirique. Le laboratoire démolit ce que les cabinets d'affaires avaient construit. On en rit encore à Java.

La question du caoutchouc est donc double. Il faut produire ; il faut vendre. Pour qu'il puisse adapter la production à l'usage, le producteur doit être renseigné par l'acheteur lui-même sur la destination finale du produit. Au manufacturier de définir les qualités intrinsèques de la marchandise brute qui convient le mieux à sa fabrication. Les talons tournants et les trains d'atterrissage des avions sont en caoutchouc; mais le caoutchouc des premiers, destiné à un usage prolongé, n'a pas à résister, comme l'autre, à des chocs puissants où l'énergie mécanique se transforme en calories suivant des lois connues. Deux échantillons de la même matière ne conviennent pas également à des fins différentes.

De la sucette au pneu confort, du gant de chirurgien à la vessie de ballon rond, la liste est longue des objets en caoutchouc. Tient-on compte, lors du choix des matières premières, de leur pays d'origine, des régions où elles furent récoltées? Il n'est pas impossible que la nature du sol et l'exposition d'une plantation influent sur la qualité du latex. Les vins sont classés par crus ; leurs bouquets, leurs degrés sont connus. Les minéraux, eux-mêmes, sont soumis aux lois des latitudes ; les diamants ont leurs régions préférentielles. Il serait peut-être utile de rechercher si le latex a les siennes et si le latex recueilli en Cochinchine fournit des pneus meilleurs ou moins bons que le latex recueilli en Malaisie ; utile aussi de rechercher les conditions dans lesquelles la vulcanisation altère ou complète leurs qualités originelles.

Je suis allé frapper à la porte de M. L..., qui dirige le Laboratoire des recherches relatives au caoutchouc à l'Institut Pasteur de Saïgon.

— Comment établit-on les qualités d'un caoutchouc?

— D'après sa résistance à la traction et au vieillissement.

Nous nous déplaçons à travers une forêt d'éprouvettes. Le savant déblaie avant de semer :

— Quelques explications préliminaires sont indispensables. Nous ne pouvons étudier et comparer des gommes crues. Le caoutchouc, sous la forme qui lui est donnée chez les planteurs, n'est pas homogène. Il se présente en feuilles dont l'épaisseur n'est pas garantie. Essayer la résistance à la traction d'une feuille marquée comme une gaufrette est une opération inutile. Pour travailler sur une matière homogène, offrant le maximum de similitudes avec celle que l'on traite chez les usiniers, nous vulcanisons préalablement la gomme crue. Certes, nous n'obtenons pas tout à fait la même matière que l'industriel qui fait procéder à des mélanges techniques souvent compliqués et qui constituent le secret de sa fabrication. Notre vulcanisation rapproche néanmoins la gomme de la forme sous laquelle les usines l'utiliseront.

— Mais pour réussir cette vulcanisation des appareils sont nécessaires.

— Le laboratoire est admirablement équipé. Son outillage est complet. Vous savez qu'on obtient la vulcanisation d'une gomme en ajoutant du soufre à cette gomme dans des proportions déterminées?

— Et ce mélange...

— Ah ! non: pas un mélange.

— Cette combinaison?

— Je n'en suis pas sûr. La science n'a pas encore décidé si la vulcanisation est un mélange — physique — ou une combinaison...

— Chimie?

— On ne sait pas. Comme nous ne savons pas

si la coagulation du latex obtenue par le passage de celui-ci dans l'eau saturée de fumée est préférable à la coagulation par l'acide. Nous cherchons, voilà tout.

Quand nos gommes sont vulcanisées, ce que nous avons obtenu par la chaleur après les avoir malaxées à sec avec du soufre, nous éprouvons leur résistance à la traction. Nous nous servons pour cela de moules fondus spécialement, dont la partie centrale a la forme d'une éprouvette. L'éprouvette est prise entre les mâchoires d'un dynamomètre qui s'écartent progressivement jusqu'à ce que l'éprouvette se rompe. Il est facile, à ce moment, d'enregistrer l'allongement qu'elle a donné sous la force de traction qu'elle a subie. Afin de permettre les comparaisons entre les gommes, nous avons pris pour unité de résistance le millimètre carré de section. Quant à l'allongement, nous le ramenons au « pour cent » de la longueur initiale. Mais un exemple me fera mieux comprendre.

Soit une éprouvette dont la longueur initiale est de 30 m/m, et qui se rompt quand elle s'est allongée jusqu'à 214 millimètres. Le « pour cent » est le quotient de 214: 30, soit 7,1. *Le coefficient caractéristique d'une gomme est le produit de la résistance par mm2 et du « pour cent » d'allongement.*

Les qualités mécaniques dont on obtient ainsi la définition varient avec les quantités de soufre introduites dans la gomme et le temps qui s'écoule entre la vulcanisation et les essais.

— Vous recherchez toujours, bien entendu, le mélange — ou la combinaison qui fournit la résistance la plus forte?

— Evidemment. L'augmentation des parties de soufre ne provoque pourtant pas une progression constante de la résistance. Le coefficient caractéristique passe par un maximum et diminue ensuite. A nous de rechercher l'« Optimum de vulcanisation ». Encore qu'il change de gomme à gomme, on peut écrire qu'il est obtenu aux environs de 7 pour cent de soufre. Pour égaliser les conditions de nos essais, nous les faisons tous sur des gommes dont la vulcanisation remonte à 24 heures.

— Et pour la résistance au vieillissement?

— Nous ne dressons pas un acte de naissance pour chaque gomme. Le laboratoire procède à leur vieillissement artificiel. Plusieurs procédés, tous satisfaisants, étaient offerts à notre choix. Vieillissement en étuve et à l'air; ou en étuve et à l'oxygène pur; ou en étuve avec adjonction de rayons ultraviolets. Nous avons adopté le premier. Le caoutchouc vulcanisé vieillit d'une année en 18 heures de séjour dans une étuve maintenue à 100 degrés. Quand il en sort, âgé de deux ou trois ans, on le soumet aux mêmes essais mécaniques que lorsqu'il n'avait qu'un jour. Il est alors doté de deux coefficients caractéristiques scientifiquement calculés.

— Et les graphiques apparaissent?

— Leur tracé devient possible et aussi les tracés comparatifs.

A ce moment, je me rappelai mon vieil ami P..., qui m'avait montré si orgueilleusement ses hévéas, et tous les planteurs que je connais, qui m'avaient fait visiter leurs plantations. Allais-je entendre formuler leur condamnation? J'hésitai de longues secondes avant de questionner:

— Le caoutchouc de la Cochinchine vieillit-il vite? Un industriel a prétendu...

M. L... répondit spontanément:

— Le caoutchouc de la Cochinchine *résiste mieux que n'importe quel autre au vieillissement.* Les gommes des Etats-Malais perdent 32 % de leurs qualités mécaniques au bout d'un an, tandis que celles d'ici n'en perdent que quinze.

— Vous m'autorisez à l'écrire, à le répéter?

— Vous tiendrez compte, toutefois, du fait qu'à l'origine le coefficient caractéristique du caoutchouc malais est supérieur à celui du nôtre. Au bout d'une année les qualités de ces deux espèces ne sont donc pas représentées par 68 et 85. Malgré tout, le caoutchouc cochinchinois vaut alors 1,18 fois son concurrent malais.

— Et pour les gommes de Ceylan?

— Vous pourrez écrire qu'elles sont inférieures aux nôtres dès l'origine; mais les effets du vieillissement sont à peu près les mêmes sur les unes et sur les autres, avec un très léger avantage en faveur de celles de la Cochinchine.

La cause était entendue. Je ne fis qu'une objection:

— Comment les gommes dont vous vous servîtes avaient-elles été choisies?

M. L... n'hésite pas: — Choisies? Elles ne le furent jamais. Quand j'eus décidé de procéder aux expériences dont les résultats allaient être si encourageants pour nos planteurs, j'écrivis au consul de France à Singapore en le priant de bien vouloir faire acheter aux enchères, et dans des lots classés par les courtiers anglais, des gommes cochinchinoises, des gommes malaises et des gommes de Saïgon. Le consul de France ne connaissait pas mon projet. Les matières premières ne furent donc pas choisies.

— Ainsi, les critiques de cet industriel?...

— ...Peuvent être justifiées par quelques présentations défectueuses. Je ne crois pas qu'elles aient été inspirées par les qualités déficitaires du caoutchouc cochinchinois. Je précise. La science du caoutchouc est une science nouvelle. Il serait bon qu'on la réglementât dès aujourd'hui; qu'on créât des échantillons-types d'après les demandes *précises* des industriels. Il serait bon aussi que les laboratoires des pays producteurs et les laboratoires des usines de vulcanisation se missent d'accord sur une méthode d'analyse.

— Et les savants découvriraient le moyen de retarder le vieillissement du caoutchouc?

— Tout est là: empêcher le caoutchouc de vieillir. La science y travaille depuis plusieurs années. Un très léger espoir est né avec la théorie des anti-oxygène. Il faut s'en contenter pour l'instant.

***

Parbleu ! nous voici loin de la rue Vivienne, de la rue d'Anjou, de la rue de Rivoli, des filous guêtrés de feutre, des planteurs de caoutchouc-papier. On mange bien autour de la Bourse. On n'y attend pas, pour s'attabler autour d'un rôti de viande fraîche, le retour du camarade qui partit pour chercher un chevreuil. On ne s'y englue pas les souliers de terre rouge. On ne tressaille pas en entendant hurler dans la nuit. On n'y remâche pas l'arrière-goût de la bile et de la quinine. On n'y grelotte pas le matin, à cinq heures. On y trouve facilement sa respiration à midi. On n'y sanglote pas devant une croix, rongé par le remords d'avoir entraîné une jeune femme aussi loin...

Cette maison, au centre de ce trou d'air, on l'a ornée d'un balcon ; l'hôte n'y paraît jamais : dans la journée, trop de soleil, le soir, trop de sommeil. Cette automobile lancée sur la route, on a relevé sa capote; un chauffeur indigène la conduit: le voyageur assis sur les coussins va chercher de l'argent, ou des vivres, ou le médecin. Ces trois Européens dont les fauteuils entourent une table chargée de verres et de bouteilles: ils causent de leurs mères, de leurs enfants; l'eau qu'ils boivent est chaude. Ce tapis de verdure, pelouse attrayante: un revêtement de légumineuses qui tiennent lieu d'engrais. Ces journaux : presque vides puisque ravitaillés par l'agence Radio-Indo-Pacifique.

On ne spécule pas, ici; on n'essaye pas de ruiner le voisin pour s'emparer de ses terres à vil prix; on n'y fait pas mijoter le coup de Bourse qui annihilera en quelques heures les vingt années de labeur d'un petit colon. On n'y prépare pas de sauces démagogiques; on n'y maquille pas le plan cadastral; on n'y prévoit pas le prochain « *boom* ».

On travaille; on fait corps avec l'œuvre grandiose que chaque effort agrandit; on s'attache à cette terre dans les vapeurs de laquelle l'or et la mort sourient et grimacent; on inspire de l'estime à ses pairs, de l'affection à ses subordonnés, de l'admiration à ses visiteurs.

Quelquefois on rend la justice.

— Figurez-vous, cher ami, que j'avais essayé toutes les promesses et toutes les menaces: le type ne voulait rien savoir. Il ne passait pas un jour sans blesser un arbre. Il avait travaillé convenablement pendant trois jours parce que je l'avais menacé de renvoi. Cette éventualité l'avait effrayé. Je dois vous dire que je fais du recrutement libre. Les coolies se présentent chez moi volontiers, d'abord parce qu'ils préfèrent aux autres les patrons qui parlent et comprennent l'annamite, ensuite parce que mon village est des plus confortables. Un de mes surveillants français assiste à toutes les distributions de riz pour empêcher que les caporaux se fassent la part trop belle aux dépens de leurs hommes. Je n'ai pas attendu la circulaire du Service de santé pour faire installer des filtres à eau, mes coolies ont continué à boire l'eau de l'arroyo, mais ils ont été sensibles à mon geste. En un mot, les coolies tiennent ma plantation pour une des meilleures parce qu'ils y sont bien nourris et que je leur accorde tous les repos que leurs traditions rendent nécessaires.

La crainte d'être mis à la porte de chez moi avait donc été pour notre homme le commencement de la sagesse. Il travailla proprement pendant trois jours. Le quatrième j'appris qu'il avait blessé trois arbres. Je le fis appler en présence de son caporal et lui infligeai cinq piastres d'amende. Il partit sans murmurer.

Le soir, il demanda à me parler: — Monsieur, me dit-il, vous m'avez puni justement. Vous m'avez infligé une amende de cinq piastres. Qui a commis une faute? Moi, coolie-saigneur, en saignant mal les arbres. Qui en subira les conséquences? Ma famille, c'est-à-dire ma femme et mes enfants, à qui je ne pourrai pas donner tout leur plaisir.

— Que veux-tu que j'y fasse.

— Je vous demande respectueusement de remplacer l'amende par la cadouille. Seul coupable, je serai seul puni.

— Il réclamait des coups de bâton?

— J'ai accepté l'échange.

— Et vous l'avez fait battre par un camarade?

— Pas du tout. Il s'est agenouillé sans que j'aie eu à lui en donner l'ordre. J'ai frappé moi-même, en prenant garde à ne pas frapper fort. Il ne poussa pas une plainte. Le lendemain matin, sa femme m'apporta un panier de bananes et de mangues. Depuis, s'il ne travaille pas mieux que ses camarades, du moins ne travaille-t-il pas plus mal.

Inspirer de l'affection à ses subordonnés: quelle récompense pour l'Européen, pour le chef qui vit parfois, seul de sa race, dans une maison en bois recouverte en tôle et qui trouve dans cette affection-même des gages pour sa sécurité!

20 novembre 1926. La plantation de mon ami P... est en fête. Les éclatements des pétards et des bombes retentissent jusqu'à Xuan-Loc. Traversant les éclairs et la fumée, le caporal, en tenue de cérémonie, fait un signe, avance au seuil de la maison de M. P..., parle:

« Monsieur,

« Nous sommes tous ici vos mains-d'œuvre qui avons contracté une grande dette de reconnaissance envers vous.

« Aujourd'hui, nous profitons de l'Anniversaire de la cérémonie rituelle de la pagode. Chacun de nous a fourni selon ses moyens une somme suffisante pour célébrer cette fête et organiser un petit banquet en votre honneur.

« Patron, vous avez fait beaucoup de bien pour nous, et ces biens nous sont restés gravés dans la mémoire.

« En effet, en 1924, au 10ᵉ, nous fûmes fortement affectés pour une cruelle inondation à Phu-Yên. Beaucoup d'entre nous avaient disparu et les survivants seraient infailliblement morts si vous, cher bienfaiteur, vous n'étiez pas venu à notre secours en nous engageant dans votre plantation. Nous nous confondîmes en remerciements et bénédictions, semblables à l'enfant affamé qui à l'appel de ses parents à table devient joyeux et content.

« Depuis Phu-Yên à votre plantation nous voyagions, tantôt en automobile, tantôt en chemin de fer, tantôt à pieds, sans proférer aucune plainte, ayant toujours le désir d'arriver le plus tôt possible. Une fois arrivés, la vue des arbres et des herbes qui poussent en désordre, des maisons misérables aux haies pourries et renversées, l'ignorance complète du caoutchouc, nous rendirent à la fois heureux et tristes. Nous fûmes heureux car nous savions que désormais notre vie serait en sûreté; mais nous fûmes tristes car nous ne savions pas comment se fait l'extraction du latex. En outre, nous étions inquiets, car de tous côtés nous n'apercevions que les profondes forêts peuplées de bêtes sauvages; entre autres, seigneur le tigre dont le rugissement nous emplit d'effroi. Ce dernier osait même venir en plein jour dans notre plantation pour enlever les bœufs. C'est pourquoi la tristesse et la frayeur envahirent notre âme et plusieurs d'entre nous, ne pouvant pas rester dans cette situation précaire, ont pris la fuite. Quant à nous autres qui avons toujours souvenance des bienfaits dont vous nous aviez comblés, nous préférons rester.

« Sincèrement nous devons rappeler que grâce à la bienveillante attention de notre patron et à l'enseignement tout dévoué des caporaux nous avons pu connaîre à fond l'extraction du latex et les détails du service. Maintenant, l'ordre et la prospérité règnent dans la plantation.

« Enfin, permettez-nous, cher Patron, d'exprimer notre regret de ne pas avoir Madame à cette petite fête. Si notre patronne vit encore elle sera infiniment heureuse et contente de nous. Elle fut douce et charmante pour nous: jamais depuis notre engagement jusqu'à sa fin elle ne fit des reproches sur quelque sujet que ce soit. Aussi, c'est avec une grande piété que nous prions pour le repos de son âme au Paradis.

« Cette année, cher Patron, vous nous avez comblés de bienfaits en annulant notre ancien contrat et en nous payant bien et avec une mesure de riz.

« Mes chers camarades, pensez-y donc; ne vaut-il pas mieux pour nous de travailler avec acharnement pour mériter cette marque de générosité bienveillante? Je vous conseille donc, grands et petits, de rester ici au service de notre patron. Soyez assurés que vous serez toujours en sécurité et que vous ne trouverez pas un meilleur asile ni un meilleur chef ailleurs.

« Que l'âme de Madame repose en paix. »

Inspirer de l'affection: route des cœurs, après les autres; plus nécessaire que celles-ci, peut-être? plus urgente, car si le peuple annamite possède la notion de la justice, il possède en outre celles du respect et de la reconnaissance.

On ne comprend pas ces choses quand on débarque sur le quai de Saïgon. L'adaptation physique a des exigences telles qu'il faut attendre pendant plusieurs mois avant de scruter l'âme du pays. Quand on débarque, tout le plaisir est pour les yeux. On voit les grues de la Chambre de Commerce sans penser à demander combien de tonnes elles peuvent soulever; on voit les stores et les portails des maisons d'importation sans penser à demander la liste des marchandises qu'elles importent; on voit tous les indigènes qui mangent tremper des feuilles vertes dans une soucoupe, sans penser à demander pourquoi ils mangent tous des artichauts à la vinaigrette. On roule, en pousse-pousse ou en auto; on voit trop de choses à la fois pour en analyser une. Les impressions restent objectives.

On a lu des auteurs qui canonisent les Annamites et vouent les Européens aux gémonies ! On a lu des auteurs qui présentent deux ou trois types de colons ridicules et d'Annamites voleurs, mais qui ont omis de prévenir le lecteur afin qu'il ne généralise pas. On roule quand même; on roule toujours en Cochinchine. Un beau jour, en roulant, on traverse une plantation d'hévéas. L'ombre est épaisse. On est seul; on croit être seul; on ne voit personne; on n'entend personne. Jamais on n'examina sa conscience aussi facilement, complètement, voluptueusement. Crac ! une panne d'essence.

On jure; on sacre; on se voit perdu. On guette une voiture qui ne s'annonce pas — il y a moins d'automobiles dans la région des plantations que dans celle des rizières — mais dix minutes ne se sont pas écoulées qu'ils sont trente, quarante: Moïs ou Chams ou Tonkinois, qui échangent des hypothèses et des silences sur votre aventure. D'où sortent-ils? Mystère. D'où sort le Français qui accourt à grands pas?

Il est là, c'est l'essentiel.

Quand cette aventure fut la mienne, le Français à qui je me présentai mit sa main droite sur l'épaule d'un coolie: — Aller maison demander touque l'essence. Compris?

Le geste était protecteur, la voix douce. Ce fut ce jour-là que je commençai à comprendre que l'imagination nuit à l'action; que la littérature déraille comme un vulgaire wagon si le reporter ne prend pas des yeux nouveaux et une âme neuve pour aller voir des choses nouvelles.

Semences

Au détour de la route un toit rouge apparaît. C'est une école. Elle porte un joli nom: « Ecole professionnelle des filles de Bienhoa ».

Le jardin de l'Ecole professionnelle des filles de Bienhoa n'est pas très vaste; mais il est propre et fleuri. La pluie tombée ce matin a semé des diamants dans l'herbe. Les fenêtres des classes sont ouvertes. Des moineaux chantent sur le toit.

— Madame la Directrice, s'il vous plaît?

— Je regrette profondément que Mme la Directrice ne puisse vous recevoir; Mme la Directrice est absente. Je suis Mme Nguyen thi Nang, professeur de broderie. Je m'occupe plus spécialement des grandes élèves. Les jeunes sont confiées à ma collègue, Mlle Nguyen thi Qua.

— ...

— Oui, monsieur. Je suis dans cette école depuis sa fondation, comme notre dévouée directrice.

— ...

— Vingt ans. L'école fut créée par M. Maspéro, l'administrateur de la province.

— ...

— Elles viennent sur le conseil d'une camarade

ou sur l'ordre de leurs parents. A la fin de chaque mois nous leur versons une petite somme proportionnelle aux ventes des broderies qu'elles ont exécutées. Mme la Directrice leur fait un cours hebdomadaire d'hygiène et de morale.

— ...

— Nous n'avons que des externes. Elles commencent à sept ans et nous quittent vers quinze ans, lorsqu'elles ont appris à coudre, à broder, à laver, à faire la cuisine. Nous leur enseignons aussi l'art de tenir une maison. Six heures de cours tous les jours.

Trente regards enfantins se lèvent ensemble et se reposent aussitôt sur les canevas et les batistes. Mme Nguyen thi Nang a ordonné de continuer le travail. Pas un visage qui se redresse. L'Annamite qui désobéit souvent au Français enclin à l'indulgence et la familiarité, désobéit rarement à l'Annamite qualifié pour lui donner un ordre.

Trente papillons blancs, une fée violette, des carrés d'azur... Oh ! le poème de l'Asie !

Mme Nguyen thi Nang a parlé brièvement. Une petite fille se met debout derrière sa table; elle rougit; elle parle. Elle s'est levée: politesse; elle est fière d'avoir été choisie: émulation; son aiguille suit le dessin du canevas, s'arrête sur les nœuds qui furent difficiles: orgueil; elle explique son œuvre: compréhension, franchise.

Elle est jolie, la petite élève, avec son collier de

soie rouge, son caiao blanc dont les manches étroites s'amorcent sur des épaules menues. Ses dents sont blanches comme la pulpe d'un coco; ses yeux noirs comme ceux d'un geai. Je voudrais bien l'embrasser... mais on n'embrasse pas les enfants des écoles quand on n'est pas inspecteur primaire titulaire; même quand on se rappelle une gravure publiée pendant la guerre des Boxers et qui représentait un soldat anglais qui buvait, un guerrier allemand qui ronflait et un marsouin français qui taillait dans sa « boule » de longues tranches pour des enfants chinois qui tendaient la main.

Je ne te reverrai plus, petite fille de Bienhoa. Il y avait un oiseau sur ton canevas. Ainsi, pendant une minute plus douce, ton souvenir léger fut brodé sur mon cœur. J'ai tapoté ta joue comme un vieil inspecteur a tapoté la mienne, il y a vingt-huit ans. Mon âme est assez riche pour faire des politesses à la pédagogie et mes regrets ne sont pas faits que de littérature.

Dans la petite classe, Mme Nguyen thi Nang, en tunique violette, me présente à Mlle Nguyen thi Qua, en tunique vert jade.

Tirez vite la langue, petites petites filles, pour compenser le poids de votre maigre natte. Si vous ne la tirez pas, cette boutonnière-ci n'avalera pas ce bouton-là; cet ourlet zigzaguera comme un cooli-xe qui a trop bu de chum-chum... Tirez bien la langue.

Elles ont tiré la langue, parce que l'heure du cours de cuisine approchait. Le cours de repassage n'aurait lieu que le lendemain.

J'ai pris des renseignements. Il paraît que l'Ecole primaire de Bienhoa « fait beaucoup de tort » à l'Ecole professionnelle; les enfants qui savent lire se moquent de celles qui apprennent à coudre et à faire la cuisine. Si c'est exact, l'exemple vient de haut. Il me souvient d'avoir entendu un conseiller colonial annamite demander, au cours d'une séance publique du Conseil colonial, la suppression des leçons de coupe qui sont données régulièrement à l'Ecole supérieure des jeunes filles indigènes de Saïgon. L'honorable conseiller ne voulait pas que ses compatriotes devinssent des ménagères. Il trouvait plus précieux de les entendre ânonner devant Auguste Comte et Spinoza. La plaie de l'enseignement théorique s'étendra-t-elle à toute la Cochinchine?

C'est le lot du voyageur que le bon destin pousse à travers ce pays, de constater la multiplicité des écoles. L'administration française peut en être fière. Mais à quoi servira l'enseignement primaire, dans un pays presque exclusivement agricole, si les jeunes garçons oublient l'adresse professionnelle de leurs pères, si les jeunes filles n'apprennent plus comment on répare un vêtement!

Cultiver son esprit n'implique pas que l'on devra renoncer à être pratique. Etre pratique c'est à la fois s'instruire et rendre l'humble tâche quotidienne plus agréable par la réhabilitation de la pensée professionnelle.

Je me méfie de la bachelière oisive rêvant de Phèdre sur le seuil d'une paillote et je plains les petites femmes savantes vouées à des tâches irrémédiablement inférieures, sous l'œil invariable des buffles et des crabiers.

***

Mon inspection a été troublée par le passage de deux avions au-dessus de l'école. Mme Nguyen thi Nang s'est approchée de la fenêtre et les petites filles ont regardé, sans changer de place, les appareils qui rentraient chez eux, au camp d'aviation de Bienhoa. Elles n'ont plus peur des génies qu'on voit et qu'on entend.

C'est un travail ingrat, difficile, dangereux, que celui qui est demandé aux pilotes de Bienhoa. Ils montent de vieux appareils Bréguet, des 14 A 2 qui ont servi aux reconnaissances et aux bombardements pendant la grande guerre. Ils partent pour une altitude de quatre mille mètres, pour le compte du service du cadastre qui a demandé deux mille clichés pris verticalement; ils partent survoler Travinh et l'ouest pour le compte du service géographique auquel ils remettront les photographies de 656.000 hectares de rizières et de forêts; ils assurent la liaison postale entre Saïgon et Kratié; ils éclairent les ingénieurs qui ont décidé de relier

Hanoï à Saïgon par une route qui sera la corde de l'arc dessiné par la route mandarine. Travail difficile puisque les appareils sont vieux et les régions à étudier neuves et presque uniformes; travail dangereux puisque les champs d'atterrissage n'existent pas; travail ingrat puisqu'il est celui de tous les jours et que les foules ne s'intéressent qu'aux exploits exceptionnels. Les petites filles de Bienhoa brodaient bien sagement quand le sergent M..., désigné pour aller à Nhatrang, brisa son appareil au départ et se laissa émouvoir si peu par cet accident qu'il sauta dans un autre avion et décolla, victorieux, vingt minutes après sa chute. Qui profitera du courage et des sacrifices du sergent M.. et de ses camarades? Il ne serait pas superflu qu'une voix autorisée l'expliquât aux enfants des écoles. Semence...

***

En sortant de l'Ecole professionnelle des filles de Bienhoa, je suis allé voir le corps de Chiem-le-Pirate, qui avait été la terreur de ses semblables, et que la troupe lancée à sa poursuite avait abattu pendant la nuit.

Entre l'innocence et le crime, entre les promesses de la vie et le cadavre rigide il n'y avait que la largeur de la route : six pas.

Je l'ai vu. Il était étendu sur une table primitive: quatre pieds, trois planches. Etendu, enroulé dans une natte; objet informe, colis plus long que large, colis étrange d'où quelque chose, goutte à goutte, retombait sur la terre battue.

On l'autopsiera, paraît-il. Pourquoi? Soleil; une flaque lourde; des fourmis.

L'infirmier de cette ambulance rabat les pans de la natte; voici ce qui fut un homme.

Un homme qu'on a traqué ainsi qu'une bête, parce que, semblable à la bête, il tuait. Il était plus dangereux que le tigre; plus dangereux que la panthère et que n'importe quel animal sauvage. Car il tuait pour voler; il volait pour jouer. Cupidité insatiable. Tandis que la bête fauve tue pour manger et quand elle est rassasiée s'endort dans le silence épais des midis forestiers.

On l'a guetté, poursuivi, perdu; guetté encore, acculé au fond de son repaire.

Il tuait; il est mort. La balle qui tarit sa vie et ses rapines a pénétré par l'oreille droite. Elle est sortie à gauche, au niveau de l'apophyse mastoïde. Elle a fait sourdre le sang.

Dans cette poche de cuir le pirate enfermait les outils à fabriquer les balles. Mais il tomba sur la route d'An-Binh, avec son complice Trang, qui s'assit lorsque son genou fut brisé et ne se rendit que parce qu'il n'eut pas le temps de brûler sa dernière cartouche. Trang, vivant, a été transporté à l'hôpital de Saïgon; — Chiem, mort, a échappé à la guillotine; mais le scalpel le guette.

C'est la morgue en plein air. Ni baguettes, ni offrandes. Des chiens filent, museau alerté, queue basse. La morgue: une paillote à l'extrémité d'un sentier qui commence derrière les cuisines de l'ambulance.

L'infirmier relève sans ménagement le gilet de coton du pirate. Et sur la poitrine nue la merveille apparaît.

La merveille: un tatouage. Un dragon soumis à une danseuse. Il est horrible, mais il se roule aux genoux de la belle. Pauvre Chiem! Peut-être s'est-il roulé, lui aussi, aux genoux de la vie... C'est Chiem-le-Pirate, cela? C'est l'assassin attardé aux bords des routes, tapi devant le seuil d'une paillote? Un regard éteint, une main fixe. La table étroite après la sente longue. La nudité après le voile grandiose de la forêt. Seul, le dragon bleu supplie, implore... Les femmes comprennent-elles le cœur des bandits?

Le docteur A..., auquel j'offre une cigarette parce que j'ai envie de m'emplir les fosses nasales de fumée, pousse le nuage de la sienne vers le soleil et prononce simplement :

— Il a volé ; il a tué ; mais il est mort en brave.

Ce fut plus fort que moi. J'ai touché le bord de mon casque devant le pirate qui avait osé entrer d'un pied sûr dans l'éternité.

A-t-on fait savoir aux populations annamites que des gendarmes et des policiers franaçis ont risqué leur vie et peiné pendant des semaines, dans la vase des rizières et la pestilence de la forêt, pour mettre Chiem-le-Pirate et sa bande hors d'état de nuire aux nhaqués pacifiques et poltrons? Semence....

*
* *

J'ai habité, dans la rue Pellerin, un vieux compartiment délabré, en face duquel des maisons neuves s'élevaient, où les ouvriers de l'Ecole des Mécaniciens asiatiques étaient logés.

Tous les jours, à six heures, ces ouvriers rentraient chez eux. Ils se mettaient à l'aise sous la vérandah où leur femme leur apportaient de l'eau. Ils se lavaient, passaient un pyjama frais, s'allongeaient dans un hamac et lisaient la gazette du jour.

Combien de mécaniciens, en France, ont des logements clairs? Combien se mettent en pyjama quand la journée de travail est achevée?

Chaque fois que leur profession et la situation de leurs maisons ou de leurs villages le permit, les conditions matérielles d'existence des indigènes furent améliorées. Chaque fois que la machine peut remplacer l'homme, la machine est amenée à pied d'œuvre ; elle est mise en marche sans retard.

Oppositions. Un Français qui gagne trois cents piastres par mois en donne vingt-cinq à son boy. Un Annamite riche done quinze piastres au sien, exige davantage de travail et cogne quand il n'est pas satisfait.

Deux Annamites montent dans le même pousse.

Le coolie ne lambine pas ; les voyageurs sont vite arrivés à destination. Un Français prend le même tireur et le ramène à son point de départ. Les Annamites avaient payé dix sous pour leur course ; le Français paye quinze sous pour la sienne.

Que les Annamites se rassurent ; aussi longtemps que les Français administreront la Cochinchine, on ne verra plus entreprendre des travaux dans le genre de ceux que le gouverneur Nguyen van Toai fit exécuter pour le creusement du canal de Kinh Té, long de 72 kilomètres, large de 20 mètres, et qui fait communiquer la mer du Cambodge avec le Mékong. Dix mille coolies y furent employés ; on n'a jamais connu le nombre de ceux qui y restèrent. Semence macabre...

*
* *

La nôtre l'est moins. Si les fleurs ne sont pas encore toutes écloses, du moins les graines ont-elles germé. Je ne suis pas de ceux qui ricanent au nez des professeurs trop savants et qui s'attendrissent sur les élèves trop faibles. Je tâche simplement à dégager des vérités objectives du fouillis des raisonnements systématiques et des exemples truqués parfois qui les accompagnent. Je n'ai pas éclaté de rire le soir où mon boy, qui sait lire et écrire, me déclara en geignant qu'il devait me quitter parce qu'il était « opprimé ». Le brave garçon avait contracté un gros rhume : il était oppressé. J'ai trouvé amusante, sans plus, l'histoire, peut-être fausse, de ce secrétaire annamite — on va jusqu'à dire qu'il servait dans la province de Mytho — qui demanda un congé exceptionnel pour se reposer, parce qu'il était hermaphrodite. Hermaphrodite ! vous voyez d'ici la tête de l'administrateur qui reçut pareil aveu ! Il voulut vérifier sur le champ la sincérité de son subordonné qui expliqua : — Je suis ponctuel à mon bureau ; ça, c'est le travail de l'homme. Lorsque je rentre chez moi où ma femme n'est jamais, je mets le riz à cuire et lave les enfants ; ça, c'est le travail de la femme. Très surmené en qualité d'hermaphrodite, j'ai besoin de repos.

Ni exagérer, ni dramatiser ; laisser les hommes et les choses chacun dans son plan ; ne pas conclure hâtivement du particulier au général ; éviter de faire trop facilement de l'esprit aux dépens de l'élite quand on n'a connu que les masses populaires.

Toutes les fois qu'on essaye de rapetisser l'intelligence et le cœur annamites, c'est la France qu'on rapetisse puisque la France assume depuis plus de cinquante ans le rôle de guide moral et intellectuel du peuple annamite.

Aussi bien oublierons-nous, aux heures de réflexion saine, le boy opprimé et le secrétaire hermaphrodite. Il sera meilleur de penser que la troupe théâtrale *Phuoc Cuong* donna, le 30 janvier 1929, une soirée au bénéfice des deux automobilistes français qui tentent le raid Saïgon-Paris; meilleur aussi de relire la thèse que Me Trinh Dinh Thao — Tonkinois devenu Saïgonnais — présenta et soutint devant la Faculté d'Aix-en-Provence sous le titre : « De l'influence du mariage sur la nationalité de la femme » — et qui lui valut, avec les félicitations de ses maîtres, le titre de docteur en droit. Semences... Eclosions.

***

Quand il faut faire face vers tous les côtés à la fois, on oublie toujours quelque chose. Partant de ce postulat, deux méthodes sont offertes aux journalistes qui voyagent en Cochinchine : rechercher ce qui fut fait; rechercher ce qui fut oublié. J'avais le choix; j'ai préféré la première.

Connaissez-vous la Foire aux Vaccins? Elle est ouverte d'un bout de l'année à l'autre. Où se tient-elle? Partout. Qui la visite? Tout le monde : ni condition d'âge, ni condition de sexe.

Pas de boniment, de musique ni de parade. Ici, on n'inaugure pas la statue de M. Léon Gambetta; on élève des barrières devant la mort. On n'a donc pas de temps à perdre.

Qui la dirige? Que vous importe! Les directeurs n'aiment pas à entendre parler d'eux. Vous les féliciteriez? Laissez: ils ont mieux à faire qu'à vous écouter. Une femme est avec eux. Qu'il vous suffise de savoir qu'ils portent une blouse blanche. Maintenant tenez-vous bien. L'Institut Pasteur de

Saïgon a préparé et fourni entre le 1er janvier 1927 et le 1er janvier 1928 :

50.000 doses de vaccin antituberculeux.

3.410.000 doses de vaccin antivariolique.

25.236.000 centimètres cubes de vaccin anticholérique.

Qui dirige la Foire aux Vaccins? Des savants qui jouent avec la variole, la peste, le choléra ; qui se frottent les mains quand on leur montre un beau cas de lèpre ; qui dissertent sur la rage en mastiquant une côtelette grillée à point ; qui se promènent dans les jardins de l'Institut Pasteur avec, dans leurs poches, assez de saletés pour anéantir tous les Pollaks de la terre ;... mais qui tremblent à la seule pensée qu'on pourrait parler d'eux.

Foire aux vaccins, foire aux enfants ! Entre tous les stands celui de Cholon est le plus beau. Une agglomération chinoise: du pus, des fraudeurs et des piastres. Les piastres échappent au contrôle; les fraudeurs empoisonnent à l'abri des lois ; mais le pus...

Il fallait défendre les enfants, les adultes ; réglementer la circulation des lépreux ; tout était à faire à la fois, dans le centre de la ville, dans les faubourgs, sur la terre à demi ferme, sur l'eau bourbeuse, chez les nomades et les sédentaires. Car il y a des Chinois nomades en Cochinchine ; leurs caravanes s'en vont sur l'eau. Le chef du nouveau bureau de l'hygiène se mit à l'œuvre.

Par où commencer? Faire dissoudre la crasse?

Elle s'étendait sur tout. Dépister les maladies? Chacune d'elles se cachait parmi les autres. Par où commencer? Troublant le silence de cette méditation, les rats, véhicules de la peste, grignotaient les vieux papiers, rongeaient les boiseries, organisaient des épreuves de fuite par centaines.

Quant aux individus passifs, hébétés, résignés, il leur suffisait de croire que le destin n'est pas écrit par les hommes.

On fit trois lots : les adultes, les enfants, les immigrants. Ceux-ci furent soumis à des obligations extrêmement sévères, conditionnées par leurs origines et les contacts qu'ils avaient subis en cours de route.

Pour les enfants l'œuvre fut plus délicate. Mais peu à peu, la méfiance des parents s'atténua, disparut. Dès la première année, sur un total de 7.179 naissances déclarées à la Mairie, 5.600 accouchements avaient été pratiqués par des sages-femmes diplômées et contrôlées. Cette proportion fait honneur aux médecins de tous grades, elle démontre surabondamment le tact, la patience et la bonté qu'ils déployèrent dans leurs si délicates fonctions. Ils surent, par leur science et leur douceur, inspirer confiance aux Chinois.

Ils continuent. Un médecin auxiliaire opère dans les écoles. Les hôpitaux des Congrégations de Foukien, de Canton, de Trieu Chau sont visités fréquemment par le directeur du bureau de l'hygiène. Après les enfants, les adultes. Porteur de sa trousse, un médecin auxiliaire franchit la planche étroite qui relie la berge à la jonque. Pas de fuite possible ; le batelier, sa femme, ses matelots tendent le bras et l'épaule : on vaccine. Voici pour les nomades. Un autre médecin auxiliaire se promène à travers la ville, selon un itinéraire prévu : il vaccine. Voilà pour les sédentaires. Un cas de peste est-il constaté ? Vite un médecin auxiliaire gagne le quartier où le terrible mal vient de réapparaître. Combien d'habitants dans la maison du malade ? Où celui-ci travaillait-il ? Dans quel restaurant s'asseyait-il ? On vaccine ; on vaccine.... En 1926, on vaccina 56.000 fois contre la variole, 2.306 fois contre la tuberculose dès le premier âge. Le choléra sévissait, favorisé par le retard de la saison des pluies ? Les équipes mobiles d'hygiène se mirent en route. Rien que dans les secteurs « touchés » par le mal, on vaccina 12.035 fois.

On désinfecte et on vaccine. La différence entre le nombre des naissances et celui des décès est en faveur des naissances. On pousse le souci de mieux faire jusqu'à surveiller l'arrosage des jardins maraîchers, à interdire certains engrais, recherchés naguère. On javellise l'eau. Les demoiselles spéciales ne vont plus à l'aventure, portées comme des châsses contaminées sur les ailes de l'amour aveugle. Lorsqu'une famille déplace les restes de ses morts suivant les rites, un représentant du bureau de l'hygiène assiste à la cérémonie. « Le gardien de l'hygiène, d'abord... »

On n'appuie plus sur le ventre d'une femme aux trois quarts asphyxiée par la fumée d'un feu d'herbe : gynécologie barbare qui, à l'occasion d'un accouchement favorisait un assassinat .On ne crève plus l'œil malade pour ouvrir un passage par où le génie du mal quittera la cornée du patient. Les indigènes ont appris à lire les inscriptions : clinique ophtalmologique, clinique oto-rhino-laryngologique, maternité, dispensaire. Il n'est pas un Annamite qui ne se découvre quand il rencontre le docteur M..., qui créa la Maternité de Mytho ; à Bentré, pendant la saison sèche, l'hôpital indigène est ravitaillé en eau avant les Européens du poste ; des médecins font des causeries sur les notions élémentaires d'hygiène dans les écoles. Tous les soins, vaccins, conseils sont gratuits.

Où l'on avait enregistré 6.152 cas de choléra en 1911, 7.442 en 1912, 3.887 en 1915, 3.184 en 1919, on n'en a plus enregistré que 54 en 1924, 65 en 1925, 335 en 1926. Les centres d'élection de la peste : Cholon, Soctrang, Saïgon, Giadinh, Chaudoc, Thudaumot, ravagés par ce fléau naguère ont fini par l'oublier. Introduite en Cochinchine vers 1906, la peste n'y a pas fait, écrivait le directeur du service de santé, « les progrès foudroyants que réalise généralement une affection contagieuse évoluant sur un terrain neuf. Elle reste maniable ; nous ne sommes pas débordés comme les Anglais l'ont été dans l'Inde où elle a fauché, depuis le début du siècle, des millions de victimes et où elle fait, rien qu'à Calcutta, des ravages effrayants. »

Si vous allez en Cochinchine, visitez l'hôpital indigène de Cholon. Il est dirigé par un homme que ses malades vénèrent à l'égal d'un saint. Cet apôtre laïque, non content de traiter cent cinquante malades par jour, en moyenne, a organisé une école d'infirmiers. Quand ses élèves ont acquis les connaissancs professionnelles ordinaires, il leur enseigne à distinguer entre les viandes comestibles et les viandes malsaines, afin qu'ils deviennent, dans les provinces où ils seront envoyés, les surveillants des bouchers chinois qui, s'ils n'étaient pas contrôlés, n'hésiteraient pas à empoisonner tout un village pour récupérer la valeur d'un bœuf malade ou avarié.

Semences... Chaque jour qui passe apporte une amélioration. L'hôpital au chef-lieu ; les ambulances dans les villages. Les médecins auxiliaires concourent à cet apostolat magnifique. On veille dans les laboratoires ; on veille au chevet des malades.

Deux infirmières annamites glissaient sans bruit sur le carrelage frais des couloirs, dans le pavillon de l'hôpital Grall qui est réservé aux femmes. Elles portaient une petite lampe et des ciseaux. Vous rappelez-vous, docteur?

Semences...

Deux heures chez des fous

C'est à gauche de la route, après avoir dépassé le monument aux Morts et la plantation de la province de Bienhoa. On franchit un petit pont sur lequel les ressorts de la voiture se reposent, le temps d'avaler cinq mètres de béton armé. Le portail est encadré par des guerriers en faïence peinte. Derrière, tout un village de petites maisons.

Les fous...

La première fois que j'avais vu des fous j'étais soldat. Je tirais au flanc. Le major du régiment m'avait fait admettre à l'hôpital. Dès le premier jour, sœur Angèle m'avait dit : — Vous n'avez pas l'air trop fatigué. Vous m'aiderez à porter la soupe au fou.

— Bien, ma sœur.

— Vous aurez du café au lait supplémentaire pour votre peine.

En ce temps-là le régime du cabanon régnait dans toute son horreur. Quand j'ouvris le guichet par lequel j'allais faire passer le pain, la viande et le fromage — sans assiette ni couverts — l'horreur me fit reculer. Un homme aux yeux déserts, à la bouche baveuse, ramassait sur le plancher de sa cellule des peaux de fruits et les lançait à toute volée contre les murs, pêle-mêle avec ses propres excréments. Sœur Angèle me poussa en avant :

— N'ayez pas peur et jetez-lui tout.

La deuxième fois, à Bicêtre. Le grand escalier de l'hôpital m'était inconnu. J'en gravissais, les yeux baissés, les premières marches quand je reçus un fort coup sur la tête.

Ecart, mise en état de défense. Mais un homme était devant moi. Il me salua courtoisement, s'excusa. Un peu interloqué, je lui rendis son salut. Je n'avais pas atteint le premier palier que je recevais un fort coup dans les reins.

Nouvel écart : c'était le même homme qui s'excusa aussi courtoisement, affirmant qu'il était désolé, que le hasard seul...

Mais un infirmier accourut et me fit gagner l'étage :

— Il n'est pas méchant ; tous les matins et tous les soirs il descend et il monte les escaliers à reculons pendant une heure.

Et le brave infirmier me montra, par un judas, une salle dite des intellectuels, où quelques hommes au front trop haut péroraient avec des gestes immenses.

A Bienhoa, pas un cri, pas un hurlement. Où êtes-vous, les folles de la légende, vous qui poussez, prétend-on, de longs hurlements quand le soleil se couche? Qui vous promenez, les cheveux épars sur une chemise blanche et qui tordez vos beaux bras nus dans des supplications incohérentes?

Ici le parc est divisé par des haies fleuries. Des jardiniers circulent, une bêche ou une pelle à la main. D'autres tirent un tonneau d'arrosage. Au fond de l'allée principale, des chants résonnent, pareils à ceux que j'ai entendus dans les villages annamites.

Où sont les fous?

Pour l'instant, ils sont sur les pancartes de ce bureau dont le secrétaire vient de sortir pour aller signaler ma visite au directeur de l'Asile. Cinq pancartes. Les noms des hommes sont inscrits en noir; ceux des femmes en rouge. Noms, prénoms, provinces, date d'entrée, âge ; les colonnes s'alignent et les noms se suivent : Nguyen van... Nguyen thi... Beaucoup d'X ramassés Dieu sait où, ayant perdu la raison dans quel héritage, par quelle loi atavique, ou dans quelle tourmente d'amour ou de misère...

Je les regarderai de loin ; avec les fous on ne sait jamais. Ceux d'ici ne me connaissent pas, et un malheur est si vite arrivé !

— L'entrée de l'asile est donc libre, docteur?
— Pourquoi?
— Ces promeneurs...
— Ce sont mes malades.
— Ils ne dérangent pas vos ouvriers?

— Quels ouvriers?

— Ceux qui forent ce puits.

— Ce sont des malades.

— Vous ne paraissez pas très convaincu.

J'avale ma salive et sans perdre de vue les puisatiers :

— Si, docteur... puisque le renseignement vient de vous.

— Mon cher Monsieur, on se fait de nos malades une idée complètement fausse. Les errements anciens ,heureusement abjurés par le corps médical, subsistent dans le public. Apprenez qu'il n'y a pas de fous : il n'y a que des agités. Ceci posé, il suffit d'arracher le sujet à son idée ordinaire, de transformer son agitation inutile de manière à la rendre utile.

— Comme cela, tout simplement? Une pelle, une pioche? S'ils avaient une crise pendant qu'ils tiennent ces outils, quel carnage !

— Vous verrez pire tout à l'heure. J'en ai qui travaillent du matin au soir avec des couteaux aussi tranchants que des rasoirs.

— Vous me les montrerez?

— Nous nous mêlerons à eux.

— Nous nous mêlerons à des fous armés de couteaux qui coupent?

— Certainement. Passez donc.

Je passe .Nous pénétrons dans un jardinet de poupée.

— Oh ! les pauvres malheureux ! Quels signes de misère sur ces fronts, dans ces yeux.

— Ce sont des malheureuses. Dans ce pavillon il n'y a que des femmes : épileptiques ou gâteuses. Vous les avez prises pour des hommes parce qu'elles ont les cheveux coupés.

Les unes balayent la cour, les autres, assises, fixent un point du sol. Quelques-unes nous font des layes profonds, avec des sourires canailles. Celle-ci chante très simplement; celle-là étire une paille entre ses doigts. Dans l'ombre d'une pergola elles forment des groupes mais ne conversent pas; l'idée est absente.

— Elles travailleront bientôt, elles aussi. Ici tout le monde travaille. Rien n'est plus dangereux pour les malades que de rester longtemps inoccupés. Vous constaterez vous-même la différence qui existe entre les oisifs et les autres. Nous faisons tout. Nous réparons nos conduites d'eau : forges. Nous préparons une clôture pour l'asile : atelier de ciment armé ; nous fumons notre tabac ; nous couchons sur notre kapok ; nous mangeons nos légumes, nous mangeons nos cochons.

— Et ce sont les fous...

— Ce sont les malades qui forgent, maçonnent, fument, élèvent; j'ai un excellent forgeron, interné depuis deux ans, un alcoolique. Je l'avais renvoyé : il se remit à boire. Deux mois après, on me le ramena.

— Mais ce calme, docteur? Ce silence !

— Parce qu'ils sont en liberté. Plus un malade est enfermé, plus il est violent. Regardez-les, ils sont tous dehors. Les pavillons leur servent pendant les heures de la sieste et celles de la nuit. A moins qu'ils travaillent à l'ombre d'un atelier. Venez voir notre manufacture de tabac.

— Vous vendez du tabac?

— Cela viendra peut-être. En attendant nous en cultivons 20.000 pieds et nous le découpons, le faisons sécher, le fumons.

La manufacture de tabac est installée en un petit pavillon. Cinq ou six malades y sont employés. Les feuilles de la « plante à Nicot » sont découpées en fines lanières au moyen d'un couperet qui ressemble au sabre de quelque grand Mogol et qui retombe régulièrement devant une guillotine dans la lunette de laquelle les rouleaux de feuilles sont poussés.

— Nous ne laissons le couperet qu'à un ouvrier spécialisé, qui est aussi le surveillant de ce chantier.

— Et vos malades n'ont jamais essayé de s'emparer de cet outil?

— Jamais. Quand l'un d'eux s'agite, par extraordinaire, c'est pour se livrer à quelque excentricité. Dernièrement, on en vit un faire l'ascension du château d'eau. Quand il eut gagné le faîte, il comprit qu'il n'irait pas plus loin. Un surveillant l'appela. Il obéit.

Ils sont très absorbés par le travail. Ils étendent le tabac découpé sur des claies de rotin, le piétinent, puis exposent les claies au soleil. La tâche paraît légère. L'outillage est primitif. N'était qu'il s'agit de tabac on évoquerait volontiers Virgile composant une églogue dans les champs.

— Tiens? Les fous tiennent un soviet?

Près des cuisines. Elles sont douze, accroupies en rond, hachant des poissons. Elles n'ont plus de cheveux, mais les poissons ont de la moustache. Ils sautent, se tordent, se contorsionnent. Ces mouvements pas plus que le geste de mort multiplié n'inquiètent les malades qui hachent sans excitation, ralentissent même, pour nous rire, et jouent comme si elles n'étaient pas malades, à rattraper les poissons dont le bond fut trop large.

La cuisine et la buanderie sont mitoyennes. Non loin l'atelier de couture. Les femmes y ont les cheveux longs.

— Celles-ci sont presque guéries. Elles sont trèsl occupées. Les épileptiques déchirent beaucoup.

Comme pour confirmer ces paroles, un malade, accroupi derrière une haie, retire son caiao et le déchire, mais sans violence, posément, par lanières.

— Vous avez aussi des machines à vapeur?

— Aucune.

— Des moteurs électriques alors. Ce ronflement...

— Ce sont les assassins. Ils sont d'un pacifisme ! Je les emploie au travail le plus fatigant. Ce riz destiné aux malades est décortiqué tous les matins ;

je prends cette précaution pour éviter le béribéri.

Dans un bâtiment 8 hommes et 5 femmes sont répartis entre un bélier en bois et un appareil, en bois aussi, où le paddy passe et subit le décortiquage. Les assassins ont le travail gai : ils chantent en chœur.

— A part ceux-ci, vous le voyez, les autres sont plutôt silencieux. Les « presque guéris » reprennent assez vite l'habitude de jacasser.

— Et jamais de tentative de suicide?

— Jamais n'est pas le mot. Nous sortons la camisole de force trois ou quatre fois par an, quand un *mélancolique* est surpris, essayant de mettre fin à ses jours. Je vais vous montrer où conduit la tristesse dont on ne guérit pas.

Un nouveau pavillon. Des femmes. Elles confectionnent des balais.

— Celle-ci, docteur... Comme elle tremble !

— Elle fait de l'encéphalite léthargique. Cette paralysie agitante ou mal de Parkinson la fatigue. Je la fais travailler pour la distraire. On la surveille plus attentivement que les autres.

— Et les hommes ne tentent jamais de rejoindre les femmes?

— Ils ne se rencontrent guère, à part quelques-uns.

— L'instinct ne survit donc pas? Il sombre avec la pensée claire?

— Pratiquement, oui. Ces haies et ces allées sont des barrières suffisantes. Pas de crise de sadisme. Voici un pavillon consacré à des agités. Ils confectionnent des paniers. Pour tailler le rotin ils ont des lames extrêmement aiguisées. Celui-ci qui prononce un discours interminable fait ce que nos grand'mères appelaient un peu empiriquement « passer ses nerfs ». S'il ne travaillait pas, s'il ne haranguait pas un auditoire imaginaire, il briserait tout.

— Il passe ses nerfs en parlant?

— Ni plus ni moins. En prévision d'agitations rebelles, j'ai fait construire ce dortoir de 40 places. Je le réserve aux malheureux qui auront tué. L'assassin, bien souvent, n'est qu'un épileptique. Le mal ne se manifeste pas normalement. Au lieu de piquer une crise d'épilepsie, le malade pique une crise de meurtre. Si personne ne s'y oppose, il tue pendant cinq, dix minutes, aussi longtemps que dure la crise.

— Il leur faut des frontières solides.

— J'ai fait garnir les fenêtres de barreaux par les malades eux-mêmes. Quant au plafond, il est en béton armé de 8 centimètres d'épaisseur. Tous ces ouvriers ne travaillent pas pour rien. J'ai des maçons, des terrassiers, des couturières, des jardiniers, etc... Ils sont payés .On leur alloue 10 cents par jour..

— Comment ! non content de les soigner, de les guérir, vous leur préparez un petit pécule pour le jour de leur *exeat?*

— Le comptable inscrit les gains à leur compte individuel tous les jours. Une moitié est réservée. L'autre leur est remise tous les dimanches. Mais par prudence je leur fais acheter des gâteaux, des sucreries, des fruits annamites.

— Et vous en avez de toutes les provinces?

— Dites de toute l'Indochine. L'asile gagnerait à être dédoublé : un établissement identique, installé au Tonkin, rendrait de grands services.

— Ces paniers, les vendez-vous?

— Je n'en ai pas l'autorisation. Si elle m'était accordée l'Asile réaliserait de belles recettes. J'habillerais les malades proprement le jour de leur sortie.

— Les paniers y suffiraient?

— Il n'y a pas que les paniers. L'Asile dispose de terrains immenses favorables à la culture maraîchère. Je vais avoir de l'eau...

— Celle de vos puits?

— Beaucoup mieux.

Le docteur A.., souriant, m'entraîne vers un ruisseau qui coule parallèlement à la route. La profondeur de l'eau ne dépasse pas 10 centimètres, mais le courant est rapide.

— J'ai fait construire par les malades un barrage à deux portes .L'eau, excellente pour les bains, le sera aussi pour l'arrosage. Voulez-vous voir le cimetière?

Nous revenons sur nos pas. Un pavillon restait à visiter. Dans la cour, les malades balayent sans se presser. L'un d'eux lâche son balai, rentre dans le pavillon, se déshabille entièrement, puis se promène d'une extrémité à l'autre.

— Une crise, docteur?

— Presque rien.

En effet, un surveillant s'approche du malade doucement, pour ne pas l'effrayer, sans doute? le prend par le bras. Comme si ce contact l'avait ramené à la raison ,le malade ressaisit ses vêtements. Un autre malade le guide vers la sortie avant qu'il ait remis son pantalon. Phénomène singulier : en passant devant nous l'homme nu se cache pudiquement.

— Il arrive souvent qu'un malade en conduise un autre?

— Le cas se produit vingt fois par jour sous mes yeux. Mieux encore : lorsqu'un surveillant, me croyant loin et n'ayant dans son équipe que des « tranquilles », s'asseoit paresseusement derrière un mur, dès que j'apparais dans l'allée, un malade l'avertit; le surveillant se lève; il n'a pas été surpris.

Un large carré vert rompt l'uniformité des terres grises.

— C'est votre champ de tabac?

— Il est beau, hein? Je fais aussi un peu de coton. J'en ferais davantage si l'Asile avait le droit de vendre. Je récolte du kapok. En ce moment nous essayons des asperges. Et la pépinière d'hévéas?

— Que deviendront ces plants?

— Ils seront dispersés sur les terrains de l'asile, aujourd'hui encore parsemés de termitières, mais désouchés dans quelques mois.

Nous longeons le petit ruisseau de tout à l'heure. Et soudain la forêt commence. Mais un grand rectangle la précède.

— Le cimetière. Il fut créé en même temps que l'Asile, en 1919. J'ai fait élever un pagodon par les malades.

— Et cette construction vous a coûté?

— Rien.

— Mais ces faïences?

— Des « ratés » de l'école de Bienhoa. Au lieu de les jeter on les ramassa pour la pagode.

Trois marches. L'intérieur est peint à la chaux. Un autel supporte une urne et des baguettes d'encens brûlent. Les noms des morts, en caractères annamites, s'alignent.

— Qui entretient la provision de baguettes?

— Les familles des morts. Il en vient assez souvent. Nous leur facilitons l'accès du cimetière. Elles accomplissent les rites ainsi qu'il est prescrit.

L'extérieur est peint : rien ne manque. Sur une face un paysage ; sur l'autre les peintures rituelles : un tigre, un dragon ; sur la troisième un paysage encore.

— Cette pagode aura les honneurs de la prochaine Exposition coloniale, à Paris.

— On l'y transportera donc?

— Réduite. Nous allons nous mettre à la confection d'un plateau de 16 mètres carrés, sur lequel nous édifierons les pavillons, les communs, les arbres. Toutes les allées y figureront. Le ruisseau ne sera pas oublié.

— La France sera très heureusement surprise devant cette merveille. Vous en confierez l'exécution à des spécialistes?

— Et les malades, que feraient-ils? On leur tracera le plan, et un surveillant veillera au reste. J'ai aujourd'hui 394 pensionnaires. Je les emploie tous, ou presque.

Nous croisons deux malades.

— Voyez-vous? Celui-ci conduit celui-là aux cabinets. Vérifiez.

— Tenez, notre orateur de tout à l'heure.

— Où?

— Il tire le tonneau d'eau que poussent ses camarades. Il a pris volontairement la place la plus fatigante. On dirait qu'il a compris la nécessité où il se trouve de dépenser des forces.

Je le reconnais. Des stries rouges lui étoilent les yeux. Le tonneau s'arrête. Aussitôt l'orateur reprend son discours. Il en est à un passage important, car il prend l'univers à témoin et se frappe la poitrine du plat de la main. Les autres ne l'écoutent pas : ils arrosent.

— Que vous disais-je? Si ce gaillard était fermé dans un cabanon, le délire ne le quitterait s.

— Je comprends, docteur. Mais où faites-vous s matelas dont vous me parliez?

— Les faire... Nous les refaisons plutôt. Nous avons que cent arbres à kapok.

Le fond d'un pavillon. Des femmes y trient le pok, ouvrent les belles gousses dont la barbe anche est effilochée. Elles nous regardent et rient. 'une d'elle répète sans interruption, avec la régurité d'un métronome un hoquet presque pareil au i du tokay.

— Celles-ci vont beaucoup mieux.

Elles vont mieux, mais comparés au visage de ur surveillante, leurs visages inquiètent. Leur urire, pas naturel; la pensée normale, disparue; urs yeux regardent sans réflexe; ni admiration, i dégoût, ni crainte, simple indifférence. Ces folles e sont même pas indifférentes. Elles sont absentes. eul un objet hétéroclite ou un animal effrayant s ramènerait ici. Elles ont ri de nous ; *elles arlent de nous*, mais nous ne découvrons pas la action attendue dans leurs yeux.

Nous repartons. Après l'infirmerie, à peu près de, le laboratoire, installé aussi par les malades.

— Vous n'êtes pas seulement un guérisseur, octeur ; vous êtes aussi un constructeur.

— Il le faut.

Le docteur A... appartient au service de santé s Troupes coloniales. En l'écoutant, j'admire son uvre. Je pense à ces marsouins dont les hauts aits sont retracés dans le *Livre d'Or de l'Infanterie e Marine*. Conquérants un jour, ils devenaient le endemain les pionniers de la pénétration pacifiue. Ils élevaient des maisons, soignaient les alades. On voyait alors un caporal ou un sergent 'asseoir devant une classe de dix élèves qui appreaient à lire le français et à l'écrire. Ils n'imporaient ni Kant ni Spinoza, ces humbles gradés. Ils oraient même ces philosophes que l'on exhibe ujourd'hui aux jeunes filles du collège indigène e Saïgon. Ils s'installaient simplement, construiient — et c'était solide.

Il y a trente-trois douzaines de fous en traitent dans cet asile. A quelque cent cinquante ètres de la clôture du parc la grande forêt comence — celle qui lamée de plantations, a conrvé des parcelles mystérieuses, des réserves où le e et la panthère sont tapis, et qui s'étend jus'à la frontière du royaume d'Annam.

Et les petits enfants du docteur A., chérubins onds, jouent à s'éclabousser près du tonneau que conférencier aux yeux injectés de sang traîne par brancards.

Où M. Doriot découvrit-il des brutes cololes?

Pour sauver la Bourse et la Vie

Au marché de Saïgon. Six heures du matin.

La petite marchande au détail — la revendeuse — arrive, encore ensommeillée. Elle a joué, donc perdu, les quatre sous qui lui restaient hier soir. Avec quoi paiera-t-elle sa marchandise ?

L'heure presse. Déjà, dans les gargotes voisines, les cuisiniers sont rassemblés ; dans la rue les fournisseurs s'apprêtent à repartir.

La petite marchande au détail crache un bon coup et se dirige vers une gargote où elle est connue. Gâteaux, Chinois affairés, mouches. Le *trahué*, versé de haut dans les tasses, mousse comme la bière, bien que le gargotier peu consciencieux ait mélangé des feuilles de café aux feuilles de thé pilées. La petit marchande se dirige vers un tabouret qui supporte un homme accroupi. L'homme accroupi s'allonge et de sa ceinture extrait cinq piastres qu'il prête à la petite marchande.

Aucune discussion. Deux mots ont suffi. Avant que la petite marchande les eût prononcés l'araiée de gargote savait ce qu'elle désirait. Il la onnaît; il lui a prêté cinq piastres qu'elle devra ui rendre ce soir en y ajoutant une piastre qui eprésentera les intérêts.

Aucune discussion. La petite marchande et 'usurier ont l'habitude l'un de l'autre. Depuis inq ans elle vend des légumes, des fruits, des oulets. Depuis cinq ans elle emprunte tous les atins cinq ou dix piastres au taux de vingt pour ent et pour douze heures. Au bout de vingt ans, lle ne sera pas plus riche que le premier jour.

Mais l'usurier se sera enrichi.

Mon boy m'a quitté, le mois dernier, pour ller passer deux jours chez sa vieille mère qui ait très malade: « Elle souffrait beaucoup dans e ventre » et vu son grand âge on craignait une ssue fatale.

Mais il n'est plus revenu. Pourquoi? Depuis un ois sa mère a eu le temps de mourir ou de érir. Dans les deux cas, il n'a plus rien à aire auprès d'elle. Quand reviendra-t-il?

Jamais.

A-t-il fui ma maison? Il y était heureux. Dix us par dix sous, j'ajoutais quelques piastres à ses ages. Il portait un casque et des souliers blancs. e lui avais acheté une bicyclette.

Il est parti; il ne reviendra travailler avec moi que si je déménage après avoir choisi une maison à l'autre extrémité de la ville. Mon boy est un pauvre diable qui devait de l'argent à un usurier, et à un taux si élevé qu'il ne pouvait acquitter sa dette.

Dans la rizière. Une famille s'en va, chassée de sa maison, de la terre paternelle. Dorénavant, le père, la mère et les enfants, n'ayant plus de biens au soleil, travailleront chez les autres.

Le père a commis l'imprudence, trois ans plus tôt, l'année ayant été mauvaise — ou le fils ayant perdu beaucoup d'argent au cours d'une partie de cartes — d'emprunter à un taux usuraire. Il n'a pas pu rembourser. L'usurier, Chinois ou Chetty, n'a pas voulu attendre.

Les exemples abondent, des ravages que la triste pratique de l'usure cause dans toute la Cochinchine. L'administration française ne pouvait pas ne pas s'émouvoir devant une telle plaie. Si elle n'a pas encore pu annihiler la petite usure, celle qui ronge les boys, les fonctionnaires annamites subalternes, les petites marchandes, — elle a entendu protéger les agriculteurs honnêtes et laborieux contre les entreprises — légales, hélas ! ou paraissant telles, puisque menées sous une forme qui échappe aux poursuites judiciaires — qui auraient conduit à la dépossession des gardiens naturels de la terre Cochinchinoise. L'administration française a créé les Syndicats agricoles ; elle a institué les Caisses de Crédit agricole.

C'est au sujet de ces dernières que M. Yves enry, le très distingué inspecteur général des rvices agricoles écrivait, en 1928 :

« Le redressement de la situation si souvent goissante dans laquelle le paysan se trouve placé, constitué de tout temps le problème dominant de économie agricole de ce pays.

« Une institution qui se propose de soulager la tite et la très petite propriétés du lourd fardeau e la dette qui pèse sur elles et se reporte d'anée en année, doit porter le crédit au milieu d'elles atteindre aussi directement que possible le ysan. »

Et plus loin, dans le même rapport :

« Si les Institutions de crédit populaire agricole ont séduisantes par leur caractère humanitaire et ur efficacité directe et générale sur l'agriculture un pays, leur établissement ne va pas sans difficultés, ni sans risques.

« Elles ont tout d'abord à lutter contre les prê- particuliers, de toutes origines, qui tiennent la ce et auxquels les cultivateurs sont assujettis r des obligations de toute nature et datant sout de fort loin. Ce sont les puissances politiques, riennes ou commerciales dont le seul objectif est les paralyser ou de s'en rendre maîtres.

« Vis-à-vis de leurs sociétaires mêmes ces Institions doivent prendre, surtout dans les débuts, les us strictes sécurités. La probité en affaires, les ligations qui découlent d'engagements formels n'ont pas en Extrême-Orient le même sens qu'en Europe; elles peuvent même n'avoir aucun sens, pour une partie tout au moins de ces populations victimes des usuriers depuis des siècles et parmi lesquelles les Banques provinciales recrutent la majorité de leurs clients. »

Ainsi furent précisées les intentions de l'administration française, soucieuse de protéger ses ressortissants contre la malchance et leurs propres passions. Les Annamites comprirent vite le bienfait qui leur échéait. Ils y étaient préparés. Le fonctionnement des syndicats agricoles leur avait enseigné les avantages qui résultent d'une action mutaliste sagement dirigée. Leur satisfaction apparut dans les discours qu'ils adressèrent, en 1926, au gouverneur général de l'Indochine, au cours du voyage que celui-ci accomplit dans les riches provinces de l'Ouest.

Ce fut d'abord à Canthô le délégué des Syndicats agricoles de la Cochinchine :

« Il y a sept ans à peine que le gouvernement de Cochinchine a développé, sur l'unique précédent de la province de Mytho, les institutions de crédit mutuel en Cochinchine. A ce jour, quinze provinces sur vingt en sont pourvues ; elles ont, au cours de l'année dernière, totalisé cinq mille adhérents, cinq cent mille piastres de fortune liquide, près de cinq millions de piastres de prêts, chiffre sensiblement supérieur à celui de toutes les colonies françaises réunies, et qui représente, au taux moyen de la piastre en 1925, soixante millions de francs, soit sept fois le total des prêts fonciers réalisés dans la même période par le grand établissement bancaire qu'est le Crédit foncier d'Algérie et de Tunisie.

« Rappelez-vous, mes chers compatriotes, cette époque si récente puisqu'elle n'a pas encore entièrement disparu, où le propriétaire annamite sans défense courbait la tête sous le joug de spéculateurs asiatiques trop avertis en face de notre inexpérience.

« Mais d'ores et déjà, les cinq millions de piastres qui ont été procurés l'an dernier aux cultivateurs annamites par le crédit agricole n'ont-ils pas, du seul fait de la diminution du taux des intérêts perçus, économisé au paysan annamite, pour cette seule année au bas mot cinq cent mille piastres ! Cinq cent mille piastres qui, au lieu de s'envoler vers l'Inde et la Chine, trouveront à s'employer dans la mise en valeur de notre sol, dans les emprunts du Gouvernement nécessaires à l'exécution de grands travaux et aussi, nous en sommes sûrs, à la réussite de la contribution nationale pour le relèvement du franc à laquelle les Annamites de cette province ont eu à cœur de s'employer spontanément en fils d'adoption reconnaissants à la France momentanément meurtrie.

« Préféreraient-ils, ces compatriotes qui hésitent encore à adhérer à la mutualité agricole, voir leurs belles piastres aller se perdre dans le chaos chinois ou améliorer le cours de la roupie dans l'Inde? »

Quel éloge de l'administration française !

Il allait être répété par M. Vo Hieu Dê, président du Syndicat agricole de Canthô, qui résuma brièvement les résultats obtenus dans cette province:

« Depuis l'époque récente où fut fondée timidement en 1919, une modeste caisse de prêts mutuels à Cantho avec 33 adhérents et un capital initial de 5.310 piastres, que de chemin parcouru rapidement en ces six années. Aujourd'hui plus de sept cents sociétaires; une fortune propre liquide de 150.000 piastres; un chiffre de prêts annuels dépassant un million de piastres; tel est le bilan que nous pouvons présenter sans vain orgueil comme sans fausse modestie, mais avec la conviction profonde d'avoir justifié la confiance que le Gouvernement français témoigna à l'élite indigène en plaçant entre ses propres mains l'instrument de crédit qui lui faisait défaut jusqu'alors. »

Même enthousiasme à Soctrang où M. Quach Sen, après avoir rappelé que la masse des prêts consentis par le Syndicat agricole qu'il préside, était passée de 169.000 piastres en 1923 à 416.770 pendant le premier semestre 1926, s'écria:

« Chaque adhérent nouveau à notre Caisse de crédit est une victime en moins pour les usuriers. Je sais que le mal est tenace, mais il est dès à présent battu en brèche et il est permis d'espérer que dans un avenir prochain, grâce au plein développement acquis par le Crédit Agricole, tous nos cultivateurs pourront trouver facilement et à un taux raisonnable l'argent qui leur est nécessaire non seulement pour la marche normale, mais encore pour l'extension de leurs affaires. »

Le président du Syndicat agricole de Baclieu, M. Tran Trinh Trach, se complut, lui aussi, dans la louange de l'œuvre réalisée en commun et si fertile en bienfaits:

« Créés depuis janvier 1919, notre Syndicat Agricole et son annexe, la Caisse de Crédit Mutuel, comptent à ce jour plus de 400 membres, depuis les grands propriétaires de plusieurs milliers d'hectares, jusqu'aux petits exploitants de quelques hectares, en passant par les possesseurs moyens de 100 ou 200 hectares qui constituent la grande majorité. Nous n'avons eu à enregistrer, depuis le commencement de nos affaires, que trois emprunteurs défaillants pour lesquels nous avons dû avancer une somme de 2.800 piastres pour rembourser à la Banque. »

Il me semble — et ce n'est pas seulement parce que je suis un journaliste que cette phrase type descend de ma plume, — il me semble que « tout commentaire affaiblirait la portée des déclarations » de MM. Tran Trinh Trach, Quach Sen et Vo Hieu Dê.

*
* *

Après la protection de la bourse des uns, la protection de la vie des autres. De Cantho, capitale de l'Ouest, nous sautons à Baria, chef-lieu d'une province caoutchoutière de l'Est: un saut dont la teneur kilométrique est impressionnante.

La main-d'œuvre indigène recrutée par contrat n'est pas satisfaite. Elle n'a pas tous les torts. Les conditions matérielles et morales des coolies employés sur des terres rouges sont pénibles, surtout pendant les défrichements. D'autres que moi l'avaient déjà constaté. Mais ce qui n'a pas été dit encore, c'est que les coolies travaillent avec des surveillants français plus volontiers qu'ils ne servent sous des surveillants hollandais ou belges. Les confidences que j'ai reçues à ce sujet ne laissent aucune place au doute.

Est-il exact, ainsi que les détracteurs de l'œuvre coloniale française le prétendent, que notre administration fait le jeu des planteurs cruels, en se désintéressant du sort misérable des coolies des plantations?

C'est faux. Le gouvernement de la Cochinchine s'est toujours dressé devant les planteurs indignes pour leur rappeler leurs devoirs d'hommes et de chefs. Quiconque serait tenté d'en douter n'a qu'à prendre connaissance de la circulaire adressée par M. Blanchard de la Brosse aux chefs des provinces relevant de son administration territoriale. Le gouverneur de la Cochinchine n'a pas hésité à examiner la vie quotidienne des coolies jusque dans ses détails les plus infimes en apparence. Qu'on en juge. En premier lieu, la question du logement :

« Les logements collectifs, même les compartiments, doivent être peu à peu délaissés et réservés pour les secteurs en voie d'extension. Au fur et à mesure de la mise en valeur des exploitations, ces baraquements qui rappellent les camps de tirailleurs, doivent être attribués aux célibataires. »

Puis celle de la nourriture:

« Dans quelques plantations, la distribution du riz, que cette fourniture soit gratuite ou à titre remboursable, est assurée par un caporal indigène qui prélève d'office à son profit sur la part de chacun des quantités plus ou moins importantes, d'où préjudice pour les bénéficiaires de ces rations réduites. Il importe absolument que les distributions de riz soient assurées par un européen, et d'éviter de remettre aux travailleurs des quantités supérieures à huit jours de vivres. L'inspecteur du Travail a assisté à des distributions de riz et a constaté que sur des plantations soucieuses de la santé de leurs engagés, elles se faisaient presque avec solennité. L'Annamite attache au riz le même respect que le Français attache au pain. Une chanson populaire annamite s'exprime ainsi : « *Le grain de riz est comparable à un morceau de jade donné par le ciel ; celui qui gaspille le riz sera puni dans sa vie future.* » Il importe donc d'entourer ces distributions de toutes les garanties désirables de régularité et d'exactitude ; il faut que chaque travailleur reçoive la ration à laquelle il a droit, en évitant de lui remettre à la fois des quantités trop importantes qu'il gaspille ou qu'il revend pour se procurer des friandises ou des objets sans utilité réelle. Vous voudrez bien conseiller aux directeurs de plantations de faire établir des mesures en zinc contenant exactement la ration journalière allouée à l'homme, à la femme et à l'enfant. On évitera ainsi des discussions sur la quantité et le poids.

« A ce propos, je signale qu'il est d'une utilité incontestable pour l'hygiène générale des travailleurs de ne pas employer le riz usiné, mais de donner de préférence du riz décortiqué suivant les méthodes indigènes et ceci pour éviter le béribéri. Toutefois dans les plantations où ce moyen ne peut être appliqué en raison du grand nombre de travailleurs, il convient, et j'insiste sur ce point, de mélanger le riz blanc avec du riz rouge dans la proportion de deux tiers de riz blanc et un tiers de riz rouge. Les travaux poursuivis par le docteur Bernard, directeur de l'Institut Pasteur, sont concluants sur ce point. »

... Jusque dans les détails les plus infimes en apparence ! Qu'on ne nous raconte donc plus que 'administration française livre ses protégés pieds t mains liés aux « grands requins », aux « infâmes égriers », aux « profiteurs de la haute finance » t aux « grands exploiteurs ». Il y a, toutes propor-'ons numériques gardées, plus de déchets dans le rsonenl européen des plantations que dans le per-onnel indigène. Les registres des hôpitaux et des liniques en font foi.

Évolution et Conservation

Te parlerai-je, lecteur, comme le grand Montaigne parlait aux siens? Crois-moi : « Ce sont ici écrits de bonne foi. »

Je ne te connais pas. Je ne sais pas si tu es un Français ou un Annamite; ni si tu es un homme ou une femme; ni si tu me lis assis dans un fauteuil parisien, ou couché sous une moustiquaire asiatique; ni si tu entends poursuivre l'œuvre lointaine, commencée par tes aînés, ou déserter, en vertu de jeunes sophismes, la terre qu'ils ont fécondée de leurs sueurs et de leur sang.

Qui que tu sois, cela m'est indifférent : la vérité pénètre chez l'homme aussi facilement que chez la femme; elle nous baise au front, quels que soient notre point social, notre avenir, notre passé.

Lecteur, ce sont ici écrits de bonne foi.

Tu commets une imprudence lorsque tu dis de tes frères devenus des coloniaux « qu'ils sont des brutes coloniales ».

Tu commets une erreur lorsque tu dis des Annamites « qu'ils sont des sauvages ».

Tu côtoies l'illusion lorsque tu penses qu'il suffit de débarquer « là-bas » pour y faire fortune et s'y pâmer sur des coussins brodés d'or, dans les bras d'une princesse céleste et menue.

Ecoute-moi. L'occasion ne me sera peut-être plus offerte de te parler avec la même sincérité. J'aurais tellement de choses à te raconter, encore ! Ecoute-moi : je suis de bonne foi.

On t'a dit que toutes les Françaises de la Cochinchine se prostituent pour se payer des calèches et des toilettes. On t'a dit que là-bas nous avons chacun son vice, pédérastie ou opium ou alcool. On t'a dit qu'avec cinq piastres tu pourrais t'offrir n'importe quelle femme annamite. On t'a dit que les douaniers y font cause commune avec les contrebandiers, les gendarmes avec les bandits. On t'a dit que c'est un pays odieux, où l'on patauge dans la vase, où les moustiques dévorent les hommes, où le soleil brûle les cerveaux. On t'a dit que le journalisme y est une entreprise de chantage par le truchement d'une syntaxe boîteuse et d'un vocabulaire bardé de néologismes intraduisibles. On t'a dit... A beau mentir qui vient de loin... ou qui ne dépassa jamais Marseille.

Ceux qui t'on dit cela sont des menteurs, comme sont des menteurs les errants attachés par une ficelle rouge et qui ont écrit, sur la Cochinchine, des ouvrages où la pornographie dispute la première place à l'erreur.

Ecoute-moi. Si tu vas en Cochinchine — ce que je souhaite pour toi — demande à mon ami C..., journaliste annamite, de te conduire à la maison commune du petit village qu'il connaît bien. Là, il te montrera l'autel du génie du village, sous lequel deux tortues viennent régulièrement, chaque année, le quinzième jour du septième mois.

Tu regarderas l'autel; tu le regarderas bien. Tu évoqueras les grands oiseaux perchés sur la carapace des tortues et battant des ailes.

Mais parce que tu auras laissé le moteur de ta voiture allumé, tu entendras, en même temps que le frisselis d'une vague qui expire, le grondement de celle qui arrive.

Alors, tu comprendras le sens profond de cette parole du gouverneur général Pasquier : « Il faut concilier évolution et conservation. »

Ne perds pas de temps à rechercher pourquoi les facteurs annamites de Saïgon refusèrent de porter une sacoche suspendue à leur cou par une courroie et acceptèrent — après quelles interventions ! — une serviette d'écolier. Il y a deux sortes d'amour propre et l'amour propre rend quelquefois ridicule. Ne traite pas de « sales petits voyous » les enfants annamites qui jouent des sous dans la rue. Il y a deux façons de s'intéresser à la jeunesse et je ne connais pas d'adulte à qui je reconnaisse le droit d'insulter des enfants abandonnés. Ne poursuis pas effrontément la jolie métisse qui promène sa beauté et sa pauvreté. Il n'y a qu'une façon de réparer les fautes de ses frères...

Mais dans le même temps que tu te rappelleras

la componction de la malheureuse qui, n'ayant pas de monnaie pour faire une offrande au pagodon, se priva de sa chique de bétel, écoute le train qui passe; regarde les fils télégraphiques qui courent; essaye de compter les coups des maillets des sculpteurs sur bois de Thudaumot, des ciseleurs de Bienhoa; va visiter les élèves-jardiniers de Phu-My, les élèves-mécaniciens de Saïgon, les aveugles de Cholon, les sourds-muets de Laithieu. Frissonne, si tu ne peux te retenir de le faire, en traversant l'ancien emplacement des lignes de Chi Hoa, mais n'oublie pas que les pylônes de la T.S.F. sont plantés non loin de là; que tu passas, tout à l'heure, devant le tombeau de notre ami Le Van Duyet, et que la science et la loyauté de Petrus Ky sont commémorées par une statue.

Combien de fois ces oppositions m'ont-elles frappé! Vois-tu, lecteur, il est facile de dire et d'écrire que les Annamites sont aussi misérables qu'il y a cinquante ans. A ne voir que le coolie-pousse et le marchand de soupe ambulant, on aboutit à cette conclusion. Mais ce qu'on oublie de dire et d'écrire, c'est que ce coolie-pousse et ce marchand de soupe se sont arrêtés au bord du trottoir et que dans cette boutique-ci un Annamite a installé un atelier de photogravure; le photograveur, l'artisan indigène qui paie patente et fait figure de petit bourgeois, ne répugne pas à sortir de son magasin pour manger une soupe dans le voisinage du coolie-pousse. La conception sociale des Annamites n'est pas la nôtre; quand on les regarde distraitement on ne comprend pas. Mais quand on regarde attentivement le mécanicien annamite sur la locomotive, le chauffeur annamite dans l'automobile, le photograveur au milieu de ses acides, l'imprimeur devant sa casse ou devant sa linotype, le commis des postes devant son guichet, le télégraphiste, l'opérateur de T.S.F., le journaliste annamites, on est obligé de convenir qu'une évolution s'est produite, dont ce peuple *intelligent* a su profiter.

Et on se demande aussitôt pourquoi les individus qui font profession de pêcher en amateurs trouvent quelquefois une brute coloniale à l'extrémité de leurs gaule, mais oublient de ramener les filets qui sont remplis d'éducateurs coloniaux.

J'ai voulu voir les ivrognes de la Cochinchine. Pour cela, je suis entré dans tous les cafés, un soir ici, un soir là. Autour de moi des Français prenaient un apéritif. Proportion moyenne : six verres d'eau minérale contre quatre verres d'apéritifs alcoolisés et de vin cuits. Le boy apportait les dés. Les consommateurs jouaient leurs soucoupes. Le boy regardait et riait, ce boy qui nous fut décrit par M. Léon Werth comme voué aux rebuffades et aux coups de pieds. Oui: le boy riait. Le plus drôle, n'est-ce pas, c'était de le voir rire même lorsqu'il savait qu'il n'avait pas à attendre un pourboire; de rire franchement du perdant à qui il disait : « Ça fait rien; Monsieur gagner demain. »

J'ai voulu voir les prostituées. Celles qui firent leur apprentissage en Europe ne sont ni plus dignes ni plus indignes d'intérêt que leurs sœurs de France ou d'Espagne ou d'Autriche. Chez une proxénète annamite l'éternité se repose sur un autel classique : urnes, bougeoirs, offrandes; chez une autre l'éternité se consume dans une lampe à huile, au pied d'une statue du Sacré-Cœur; chez les deux, les femmes offertes appartiennent aux couches les plus basses de la société.

Quant à la prostitution clandestine, celle des maîtresses idéales à l'affût d'une calèche ou d'une robe, je l'ai cherchée sans la trouver, malgré les promesses qui m'avait été faites par cette commerçante pourrie qui se vante de procurer à n'importe quel homme l'âme-sœur de son choix, entrevue la veille en auto.

Par contre, j'ai vu, dans les cinémas, des mamans qui accompagnaient leurs enfants; j'ai vu des vendeuses en grand nombre dans les magasins; des caissières dans les cafés; des dactylographes blondes et brunes dans les bureaux, des institutrices, des sages-femmes, des charcutières, des doctoresses. J'ai vu ce que tout le monde, en France, peut voir tous les jours : des femmes qui aident leurs maris, participent à la formation des économies du ménage; des jeunes filles qui aident leurs parents.

***

Saïgon n'est pas une ville d'amour et de vices. Saïgon est une ville de travail.

On y est plus gai qu'en France, généralement; on y travaille aussi davantage.

On trouve, à Saïgon, un garage qui emploie cent quatre-vingt-deux ouvriers annamites; où l'industrie automobile est représentée du travail le plus simple au travail le plus compliqué : carrosserie, forge, bobinage de magnétos, etc.... Ce garage a vendu 752 voitures en 1927.

On trouve, à Saïgon, un atelier complet d'optique médicale où le verre est découpé, adouci, surfacé, doté d'un ou de deux foyers — organisation unique entre l'Egypte et le Japon. A Saïgon, les ascenseurs ne manquent pas; des ateliers de prises de vue cinématographiques sortent des films qui passeront sur les écrans des salles de Paris; les librairies sont approvisionnées; on fabrique des carrelages, des briques, des tuiles ;on perce le fer; on assemble le bois ; on organise des concerts. Tout cela comme partout ailleurs. A ceci près cependant : que chaque fois qu'une industrie nouvelle s'installe, elle procure aux Annamites une occasion nouvelle de s'initier aux méthodes industrielles modernes.

***

En vérité, lecteur, ce sont ici écrits de bonne foi. J'ai voulu voir; j'ai voulu savoir.

Ces Annamites, que l'on nous montrait passifs, plus squelettiques et miseloqueux que le pauvre pêcheur de Puvis de Chavannes, s'en vont faire leur marché pendant que leurs enfants sont à l'école du village Et ces enfants se sont rendus à l'école en portant leur cartable gonflé de livres et de cahiers. Ne recherchons pas s'ils étaient chaussés pour faire la route. Leur maître est de leur race. Il a fait ses études à l'Ecole Normale. Il possède le diplôme qui lui confère le droit d'enseigner dans les écoles primaires. Plus tard, les élèves se sépareront. Les uns retourneront à la rizière; d'autres solliciteront leur admission dans une des écoles professionnelles du pays; beaucoup demanderont — et obtiendront — l'autorisation de poursuivre leurs études. Je ne vois là rien qui diffère de ce que nous voyons en France où nos enfants préparent leur avenir selon leurs goûts et en tenant compte de la volonté paternelle. Il se produit même, quelquefois, dans les établissements secondaires où les jeunes Français et les jeunes Annamites suivent les mêmes cours, que les têtes de classes soient tenues par des Annamites. L'émulation n'est que profitable lorsque les professeurs possèdent le tact désirable.

Tu peux avoir confiance dans l'avenir intellectuel de la Cochinchine, autant que dans son avenir économique. Des examens, dont les programmes dépassent celui du brevet supérieur, sont imposés aux candidats concourant pour entrer dans l'administration. Le développement des affaires, aussi bien que la création d'entreprises importantes; le renforcement du corps d'occupation; la faveur dont jouit l'instruction publique; la multiplication par trois des affaires judiciaires; la réorganisation de l'assistance médicale, ont amené en Cochinchine des ingénieurs, des professeurs, des docteurs, des officiers, qui ne manquent ni une conférence ni un concert. La Presse n'a pas laissé passer l'occasion de se transformer. On y fait plus d'information; les questions d'intérêt général y sont étudiées par des spécialistes; des journalistes professionnels assurent des rubriques variées, des mises en page séduisantes, des pages spéciales.

— Je n'aurais jamais cru, me disait M. Luong Khac Ninh, doyen du Conseil privé du Gouverneur le la Cochinchine, je n'aurais jamais cru, en 1900, quand je créai le premier journal qui fut imprimé en quoc-ngu, que j'assisterais un jour à une floraison aussi touffue et vivante.

M. Luong Khac Ninh est un sage, lui aussi. Il sait concilier évolution et conservation. On joue des légendes anciennes dans les théâtres qu'il dirige; mais la scène est éclairée à l'électricité.

Les sages, ce sont tous ceux qui écoutent les historiens qualifiés de la Cochinchine transfigurée.

« Ce qu'était Baclieu naguère, chaque ancien vous le dira: une immense forêt marécageuse où les premiers qui sont venus n'ont pu circuler qu'en traîneau à buffles. Ce que la province est devenue sous la direction de l'Administration française, vous l'avez déjà vu: le long de nos routes encombrées d'automobiles, sur les bords de nos grands canaux et de nos larges fleuves couverts de voiles, la rizière s'étale jusqu'à perte de vue, les grands domaines succédant aux grands domaines, entre les centres commerciaux qui jalonnent la voie vers le Sud. Ce sont là les beaux résultats de l'effort français et de l'effort indigène conjugués. »

Ainsi parlait l'administrateur-chef de la province de Baclieu.

« La superficie totale de Cantho est d'environ 230.000 hectares sur lesquels 200.000 hectares sont cultivés en rizières. La récolte 1925-1926 — année moyenne — a donné 300.000 tonnes de paddy, dont 220.000 furent exportées aussitôt. Le reste a été conservé pour la consommation locale et pour les besoins de la saison culturale actuelle. Sa population s'élève au chiffre important, mais encore insuffisant de 322.000 habitants (soit 146 au kilomètre carré); elle s'accroît tous les jours et les derniers recensements ont prouvé une augmentation de près de 100.000 habitants depuis vingt cinq ans. »

Ainsi parlait l'administrateur-chef de la province de Canthô.

« Il y a cinquante ans, la province de Soctrang avait trente mille habitants, trois mille cinq cents hectares en culture, quatre écoles et quatre marchés, ni routes ni canaux. Elle a à ce jour cent quatre vingt mille habitants, deux cent quatorze mille hectares en culture, plus de deux cents kilomètres de canaux, cinq cents cinquante kilomètres de routes, soixante et une écoles, un hôpital et de nombreuses formations sanitaires disséminées sur toute l'étendue de son territoire. »

Ainsi parlait l'administrateur-chef de la province de Soctrang.

« Nous voudrions que dans ce pays d'Annam où dans chaque village il y avait au moins un lettré pour enseigner les caractères chinois, nous voudrions que vous donniez assez d'écoles pour nos enfants: trop peu d'entre eux ont la possibilité de connaître la France; que du moins ils la connaissent par les livres ! Cela est nécessaire pour le rapprochement de nos deux races, car l'entente ne saurait être parfaite que dans une mutuelle compréhension.

« Quant à ceux de nos élèves qui sont assez fortunés pour pouvoir aller dans ce pays dont ils rêvent tous, nous vous prions de faciliter ce voyage vers la source de la lumière. La France est trop belle pour qu'on ne l'aime pas quand on l'a bien connue, et ce serait douter d'elle que de croire qu'elle ne peut nous renvoyer que des révolutionnaires et des déséquilibrés. Aussi vous prions-nous de ne pas entendre dans ce pays que les blasphèmes de quelques jeunes ingrats: si quelques esprits faibles ont pu s'enivrer en goûtant à la liberté, le plus grand nombre travaillent dans l'ordre et la tranquillité, en enseignant à leurs enfants et à ceux qui les entourent que la France n'est pas seulement une école de science, qu'elle est aussi une école de vertu.

« Sans renoncer à notre passé, à notre patrimoine national, nous demandons à partager avec vous toutes vos richesses intellectuelles parce que nous croyons en elles. Nous ne vous demanderons même pas comme certains de nos compatriotes du Tonkin, de nous aider à garder et à enrichir notre vieille langue en l'adaptant, dans toutes les écoles primaires, à la science moderne et à des besoins nouveaux. Notre langue a produit d'admirables chefs-d'œuvre; nous y tenons et nous saurons bien la conserver, par nos propres moyens, comme notre langue littéraire. Mais puisque nous avons besoin 'une langue scientifique et moderne et que la vôtre t belle, c'est dans leur texte que nous voulons tudier vos philosophes, vos savants et vos poètes: ous ne voulons pas des à peu près des traductions t des transpositions. »

Ainsi parlait M. Pham Ngoc Thuan... J'entenais et j'écoutais...

***

Comprends-tu, maintenant, pourquoi mes écrits nt de bonne foi?

Je voudrais te parler plus bas. Ecoute.

Quiconque a goûté de ce pays n'aspire qu'à y enir. La vie large? Les boys? L'automobile à la rtée de toutes les bourses? Non ! ce n'est pas à use de cela. Ce n'est pas à cause de la veilleuse, uce sous la pipe qui grésille. Le vrai secret de et envoûtement, tu le découvriras en lisant les es de ceux qui ont aimé ce pays : les Dürwell, Pouvourville, les Daguerche, les Segualen, les olly. Ne compte pas sur un mystère effrayant. 'arroyo remue à peine et les aréquiers font des uronnes à l'ombre illuminée; une congaïe passe, i détourne la tête vers la rizière à ta vue; devant oi le soleil; les jonques et les sampans caressent le anc d'un vapeur familier; un tokay chante; ce ue tu entends, là-bas, très loin, ce sont les cris joyeux des enfants qui se rendent à l'école et dont l'exubérance dépasse celle de la trompette dans le cortège que tu devines... C'est l'Asie.

Une sirène, dans l'azur éblouissant... C'est la France.

Il faut concilier évolution et conservation.

Mars 1929

Table des Matières

Imp. de la Renaissance, 76, rue de Bondy, Paris.

A LA MÊME LIBRAIRIE

www.ingramcontent.com/pod-product-compliance
Ingram Content Group UK Ltd.
Pitfield, Milton Keynes, MK11 3LW, UK
UKHW020949230726
13923UKWH00007B/213

9 782329 081588